環境教育と地域観光資源

藤岡達也　編著

学文社

【執筆分担】
第1章①② 第2章①コラム1　　藤岡　達也
第2章②コラム2　　　　　　　渡辺　径子
第3章①②③コラム3　　　　　藤岡　達也
　　　④　　　　　　　　　　石田　浩久
第4章①②　　　　　　　　　 金子　和宏
　　　③④コラム4　　　　　　藤岡　達也
第5章①②　　　　　　　　　 古田　　純
　　　③　　　　　　　　　　藤岡　達也
第6章①②　　　　　　　　　 石田　浩久
　　　③　　　　　　　　　　藤岡　達也

はじめに

　地球規模で環境教育の重要性が考えられている今日，自然と人間とのかかわりを再認識する時代ともいえる。持続可能な開発のための教育（Education for Sustainable Development；以後，本書ではESDと略記する）が不可欠となっている現在，各地でESD実施に向けてのさまざまな取組みが報告されている。当然ながら国や地域によって取り組むべき課題は異なってくる。そのなかで，自然環境とどのように調和した人間活動を行うべきかが，これからの共通の認識である。

　いっぽうで，日本は自然景観，歴史景観に恵まれ，伝統的に自然と調和した文化，生活スタイルがあったといってもよい。とくに地方には都市部には見られない多くの日本的な景観が残されており，環境教育やESDの観点からも魅力的な資源が存在する。

　そこで，本書では，国内外に発信することが可能な日本の景観，とくに日本海側に位置する新潟県を取り上げ，自然環境と人間活動とのかかわりをテーマに，環境教育資源として注目した。この環境教育資源の発掘と教材化は，学校などで総合的な学習の時間にかかわる教員だけでなく，一般の人にとっても日本海側の地域環境に興味関心を高め，その地域を訪れたくなるフィールドの紹介につながることも目的とした。

　確かに日本海側には豊富な自然，伝統文化が現存するのも事実ではある。しかし，逆に過疎化・少子化などの社会条件から地域の活性化が強く望まれているのも事実である。加えて，自然現象は食料・エネルギー資源，観光資源などの供給とともに災害につながる可能性もある。つまり自然には二面性があることを理解する必要性がある。

　以上をふまえ，本書は環境教育，ESDの必要性が注目されている今日，その具体的な取組みとして，日本から世界に発信することを試みたものである。

次に簡単に本書の内容を示す。まず，第1章では，なぜ日本海側からの発信が必要なのか，そして日本海側を取り上げることの意味を考えた。国際的にも国内的にも格差が問題視されることは多い。現在の日本において，東京がさまざまな機能を一極化しているのも事実である。しかし，日本全体で考えてみた場合，これが健全な状況であるとは考えられない。環境教育やESDが重視される国際状況においては，むしろ，日本から海外に情報発信するためにも，日本らしさの魅力を多く備えた日本海側に大きな期待があるといえる。

　第2章からは，環境教育やESDの観点をふまえ，新潟県を中心に世界に発信可能な自然景観や歴史景観の具体的な例をあげた。第2章では，日本の東西を分ける糸魚川の特徴，つまりフォッサマグナから日本の自然史を探った。糸魚川・静岡構造線は自然景観だけでなく，日本列島の社会文化までも区分する断層線である。この地域では，日本列島，日本海の成立を探ることができる。さらに，世界ジオパークの登録に向けての取組みが見られるようなフィールド・ミュージアムとしての魅力をもつ。加えて，この地域のみ産出する宝石としてのヒスイとその文化にもふれた。

　第3章では，環境教育資源が集約する佐渡を取り上げた。世界遺産へ向けて地域の意気込みが見られる佐渡金山，ここでは日本の伝統としての鉱山文化・鉱山技術を探ることができる。また佐渡では2008（平成20）年秋に予定されているトキの放鳥をめざしてさまざまな活動に取り組まれている。さらに古くから日本海での航路の拠点として，宿根木をはじめ自然や歴史の景観が存続する地域が多い。生物多様性の保存とともにこれら歴史景観の保全も重要な意味をもつ。

　第4章では，新潟県中越地域の自然環境と人間活動とのかかわりを取り上げた。まず，信濃川火焔街道と博学連携プロジェクトを紹介する。自然と人間とのかかわりは先史時代にまで遡る。ここでは日本で唯一縄文時代の国宝に指定されている火焔型土器などの遺物や遺跡を活用した博物館と学校の連携による考古学教育に注目したい。文字通り温故知新の活動である。自然景観からは，さまざまな自然災害（地震・洪水・豪雪等）の危険性を読み取ることができ

る。防災をふまえて，2004（平成16）年の新潟水害，中越地震と2007（平成19）年の中越沖地震を考察した。また2007（平成19）年，スイスのジュネーブで開催された国連世界防災戦略プラットホーム会議で講演する機会があり，その時に感じた日本の役割についてもふれる。

　第5章では，ESDの観点から新潟県北部の河川を取り上げた。有史以来，人間が自然に対し最大のエネルギーをもってはたらきかけてきたのが河川である。そのため，人間は河川から多くのものを得ると同時に，苦い反動を受けてきたのも事実である。河川と人間との螺旋的なかかわりは将来に向けても大きくなる。この章では，そのための視座を模索した。阿賀野川で発生した新潟水俣病は四大公害訴訟の先駆となり，負の遺産として現代に残っている。三面川は古代から現代までサケの文化が継続されている。ここで江戸時代に取り組まれた「種川の制」はESDの原点といっても過言ではない。また，加治川は古くから治水・利水への取組みがあった。近年に生じた羽越水害は訴訟を生じ，全国からの注目を集めた。現在では，NPOと地域との連携によって加治川は新たな活動の拠点としてとらえられている。

　第6章では，新潟の自然と歴史を総括する点で，豪雪地と文化を取り上げた。人々は豪雪という自然の厳しさに耐えるだけでなく，日常の娯楽から地域文化までも築いてきた。伝統をふまえながら先駆的な雪の活用について焦点を当てた。新潟県を例にしても，各地域は一つの県とは思えないほどの多面性を見せている。そこで，かつての県内の地域文化の独自性を近代以前にまで遡り，それらを形成する拠点としての城をとらえた。

　本書によって，日本海側に存在する自然景観，歴史景観を，これからの自然と人間，人間と人間（社会）をとらえなおす機会として，読者の興味関心を高めたり，訪問の意識をうながしたりするきっかけになれば幸いである。

　2008年3月

藤岡　達也

目　次

はじめに

第1章　地域環境教育資源の開発と活用──総合学習から観光教育まで── 1
1. 持続可能な社会の構築と日本型環境教育　1
2. 市民のための総合学習と観光教育資源の開発　5

第2章　日本の東西を分ける糸魚川の魅力　10
1. フォッサマグナの自然景観から日本の自然史を探る
  ──糸魚川・静岡構造線とフィールド・ミュージアム──　10
2. アジアの宝石，ヒスイ文化と考古学遺跡　21

コラム　ジオパークにみる自然の二面性（火山災害と温泉）　29

コラム　ヒスイ峡　30

第3章　日本列島をめぐる島の魅力としての佐渡　32
1. 世界遺産へ向けての佐渡金山　34
2. 日本の伝統としての鉱山文化・鉱山技術　39
3. トキが佐渡の空を再び舞う日　45

コラム　文化と街並み景観　54

　　　　佐渡の海岸美をつくる岩石景観　60

第4章　新潟県中越地域の自然環境と人間活動　62
  ① 信濃川火焔街道と博学連携プロジェクト　62
  ② 越後上布と越後アンギン　79
  ③ 自然災害と人間への影響　93
  ④ 国際的な防災戦略と中越沖地震　101
  コラム　平成16年「7.13新潟水害」　119

第5章　ESD教材としての新潟県北部地域の河川　121
  ① 新潟水俣病と阿賀野川　121
  ② 持続可能な開発としての「種川」の発想と三面川　134
  ③ 加治川の自然・歴史景観とNPOの活動　149

第6章　新潟県の自然の特色と人間　159
  ① 上越市域の豪雪と地域文化　159
  ② 雪と雪エネルギーの利活用　166
  ③ 城郭を中心とした自然や社会との葛藤　169

あとがき　177
索引　179

第1章
地域環境教育資源の開発と活用
―総合学習から観光教育まで―

① 持続可能な社会の構築と日本型環境教育

(1) 今日的な環境教育の課題

今,地球環境をめぐるさまざまな課題がクローズアップされている。地球温暖化の問題,エネルギー資源の枯渇,大気・海洋汚染,人間活動による生態系への悪影響など,一言でいえば,自然に対する人間のあり方が大きな問題となっている。実際,人類の将来に対する警鐘がさまざまなところで鳴らされている。物質文明の繁栄を求めた人間活動の結果として生じた大量生産・大量消費・大量廃棄のシステムでは,もはや人間社会そのものが成り立たないのは明確である。

このような現状のなか,持続可能な社会への期待は,日本だけでなく世界各地や国際社会でも重要視されている。そのなかで2005(平成17)年からは,国内外で「国連持続可能な開発のための教育(Education for Sustainable Development;ESD)の10年」が取り組まれている。ここでは,環境の保全と回復,天然資源の保全だけでなく,世代間の公平,地域間の公平,男女間の平等,社会的寛容,貧困削減,公正で平和な社会などが持続可能性の基礎となっており,環境の保全から経済の開発,社会の発展にまで多岐にわたって人間およびその社会の全環境についての問題への取組みが認識されている。

さて,各国,各地域で進めていくべき「ESD」や「環境教育」の展開としては,当然ながら国や地域の現状によって取り組むべき課題は異なっている。

ESDでは，地球規模の環境破壊や，エネルギーや水などの資源保全が問題化されている現代，人類が現在の生活レベルを維持しつつ，次世代も含むすべての人々により質の高い生活をもたらすことができる状態での開発がめざされている。

　具体的なそのための内容や方法は国際的動向を無視するわけにはいかないが，必ずしも欧米型のESDや環境教育の実践が日本の風土にそのままあてはまるわけではない。これまでも日本の特色ある自然環境やそれを背景とした人間活動，地域社会のあり方など，日本独自の自然・社会などの地域環境への取組みが認められる。むしろ，自然と人間との調和や均衡を考えた生活様式など，その文化や伝統をふまえると日本にはすぐれた習慣や実績があり，日本から海外に発信可能なものは多いはずである。

　ESDでは個人個人のレベルで地球上の資源の有限性を認識するとともに，自らの考えをもって，新しい社会秩序をつくり上げていく，地球的な視野をもつ市民を育成するための教育が期待されている。いかに日本から，このための活動を発信していくかは重要な課題である。ただ，この観点は，日本国内においても地域差のなかで考慮する必要がある。

　例えば，日本の太平洋側には大都市が集中しており，ややもすると東京などの一部の地域に政治・経済・文化などが集約されているような印象を受ける。しかし，アメリカナイズされた太平洋側の多くの都市に比べ，自然や文化など，先に述べた伝統的な日本文化や生活様式は，むしろ日本海側の各地域に豊富に残っているといえる。

　確かに日本海側には豪雪地帯をはじめ，厳しい自然環境が経済の発展などに大きな影響を与えてきたのは事実である。そのため，多くの産業や人材が太平洋側に移動し，日本海側では，高齢化・少子化が進んでいるのも現状である。しかし，逆に自給率の低い日本にあって，米，水産物等の食料やエネルギー・鉱産物などの豊かな資源が存在し，多くの伝統文化なども現在にまで継承されてきているのも注目すべきことである。

　人間にたとえてみると，太平洋側が家庭の外にある勤務先とすれば，日本海

側は家庭そのものであるといっても過言ではない。いわば日本海側が物質的にも精神的にも太平洋側の大きな支えになっているのである。確かに個人レベルでは，家庭生活を築いていなかったり，仮に家庭が崩壊していたりしていたとしても，社会での活躍は可能かもしれない。しかし，日本社会全体で考えた場合，日本海側の生活を無視した太平洋側の活動，これは必ずしも健全な姿とは考えられない。

　日本列島では，近年さまざまなところで，社会的格差が論じられ，人材，物資，資金，情報など首都圏への一極集中になっているのが現状である。いっぽう，地方都市は寂れつつあるのも否定できない側面である。しかし，地方の疲労は，その地域だけでなく，やがて日本全国，当然ながら首都である東京にも悪影響を及ぼす可能性が高い。つまり，持続可能な社会として，日本全体の活性化には日本の各地での振興，当然ながら，新たな産業の振興など日本海側での活性も不可欠である。そのためにも，日本全体が今，日本海側はじめ地方にも目を向ける重要な時期である。

(2) 自然景観・歴史景観が残された日本海側

　いっぽう，日本海側においても，自らその情報を発信する必要がある。すばらしい自然環境や伝統文化を維持していても，それらが伝わらなければ誰も気がつかないままになってしまう。これは，日本全体にもあてはまることである。かつて，日本文化は，海外の文化など多くのものを一方的に吸収するが，自分からは光などを発信しない点を「ブラックホール」にたとえられることがあった。

　現在では，かなり多くのことが，日本から世界へ向けて発信されるようになった。また，国内においても流通経済の発達や鉄道・道路網の整備等によって，日本海側から太平洋側へも多くの物資が供給されるようになった。しかし，高度情報通信社会のなかで，その価値のある情報の発信は質，量ともまだまだ少ないといえる。これまで，日本的特性の一つとして，自らは発信せず，黙っていても理解してもらえるというのがあった。ところが，この国際化時代

において，情報を自ら発信しないことは，どこへも何も伝わらないことを意味しており，理解されないどころか存在すら気づかれないことになる。国内においてでさえ，日本の伝統的なすばらしさが，その特色とする伝統文化の性質のために注目されずに消えてしまうという皮肉な結果が懸念される。

さまざまな機会をつくって情報は発信される必要がある。そこで，本書では，日本海側のすばらしさを少しでも理解してもらえるように，その案内を試みた。次章からは新潟県を例にして，日本海側の具体的な自然景観・歴史景観を環境教育，ESDの観点をふまえながら紹介したい。

日本海側に位置する新潟県は豊かな自然に恵まれ，本地域にはさまざまな農林・水産資源が存在する。そしてエネルギー・鉱物資源もその種類は豊富であった。加えて日本海側の自然は，物質だけでなく，四季折々の特色が顕著であり，スキー・温泉・観光など人間に対して，精神的な恩恵も与えている。しかし，自然は人間にとって常に都合よくできているのではない。例年の豪雪や，水害などの気象災害，また地すべりなどの地盤災害をはじめ自然災害が発生することも多い。とくにここ数年でも，2004（平成16）年の「7.13新潟水害」「中越地震」，2007（平成19）年の「中越沖地震」などの自然災害が発生し，今なお復興から遠い地域も存在する。逆にこのことが自然の恐さを知り，自然への畏敬の念を高めることにもつながっている。

「持続可能な開発のための教育」を考えるためには，まず各地域においてこのようないわゆる自然の二面性を再認識する必要がある。自然観の育成については，自然のすばらしさと恐さの両面を知ることによって，自然への感謝や畏敬の念を育てることができるといえる。これは，日本の独自性をもった環境教育のなかでも基本となる理念と考える。ESDでは，「関係性」などつながりが重視されている。そのなかで，自然と人間とのかかわりやつながりを理解することは重要な意味をもつ。

日本海側での直接の体験から自然のすばらしさや驚きに気づくとともに，残されたものから先人は自然とどのように共生してきたかを学ぶことも必要である。当然ながら，人間は必ずしも，自然を正しく認識したり，はたらきかけを

してきたりしたとは限らず，過去においてさまざまな過ちがあったのも事実である。例えば，近年の公害による環境破壊，新潟県においても1960年代に生じた「新潟水俣病」などは，その一つの例であるといえる。

② 市民のための総合学習と観光教育資源の開発

(1) 総合的な学習の時間と地域の活性化

近年，学校教育においては，「総合的な学習の時間」など，地域の多様な環境教育資源を活用した取組みや展開が見られることが多くなっている。新潟県は全国的にみて「総合的な学習の時間」の取組みのなかでも「地域教材」や「環境教育」に熱心に取り組まれているといえる。例えば，文部科学省の報告によると，全国的には，「総合的な学習の時間」のなかで，より実際的な英語学習を主とした「国際理解」教育やコンピュータ等のスキルの習得をめざした「情報」教育のほうが「環境」教育よりも多く取り組まれていると指摘されている。しかし，新潟県教育委員会のデータを見ると，新潟県では「地域」や「環境」に注目した取組みが他地域より高い割合で見られる。

この原因として，新潟県には，環境教育や総合学習に適したいわゆる環境教育資源が豊富に存在すること，地元に根づいた教育活動を実践する熱意あふれる教員が多いこと，またそれを支える保護者の地域の教育に対する関心が高いことなどを指摘することができる。

新潟県の各地域に限らず，日本のいわゆる地方において，地域と学校との連携はより強いといえるだろう。これは，今日の「総合的な学習の時間」の展開に見られるように「生きる力」の育成を考えた場合，学校や教員だけで子どもたちを育成するには限界があることも事実である。知識だけですべてが解決できないこれからの時代に，子どもたちが学ばなくてはならないのは学校や教員からだけではない。

いっぽう，さまざまな自然・歴史景観をもつ地域にしても，過疎・高齢化が進むなかで地域の活性化をめざすためには，次の世代の子どもや学校の存在は

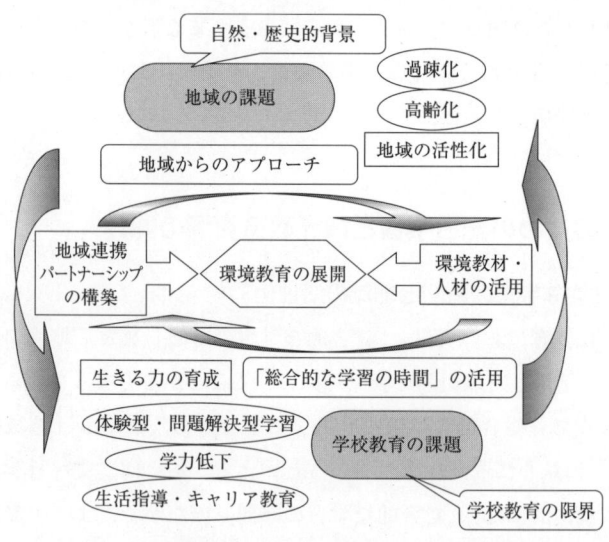

図1-1 環境教育を中心とした地域と学校との相互関係
（藤岡，2007）

不可欠となっている。つまり，子どもたちや学校教員に大きな期待がよせられ，地域も理解や協力を惜しまないのである。ここに地域と学校とのパートナーシップが構築される意義がある。これらの構造を簡単に図1-1で示した。

　このパートナーシップの構築が，新潟県のもつ「総合的な学習の時間」の先進性にもつながっているといえるであろう。新潟県の「総合的な学習の時間」の教育実践のなかでも，従来から上越市域の先進的な取組みが数多く報告されている。しかし，当然ながら，上越市域だけでなく，新潟県内の地域ごと，もっといえば日本海側に豊富な環境教育資源が存在している。これらの活用は太平洋側の地域へ発信するだけでなく，国内，国外にも広くアピールする必要がある。環境教育やESDでの具体的な活動は，まず地域に目を向けることからといってもよい。そのなかから，地域理解を通して，地域への誇りや愛着が育つことは環境教育やESDの実践の基本となる。

　ここで，学校教育のなかでの「総合的な学習の時間」で人材育成のねらいが環境教育やESDのねらいと重なることも改めて述べるまでもない。つまり，

学校教育のなかでの環境教育やESDのその具体的実践の場が「総合的な学習の時間」であるといえる。

（2）社会人の総合学習としての観光教育

ところで，学校教育を修了したあとの，人々の学びの継続性にはどのような内容，方法が考えられるだろう。当然ながらこれからの先行き不透明な時代を生きていくにあたっては，生涯にわたっての教育や学習もより重要な意味がある。ただ，従来の知識・技能の習得を中心とした教育や学習の方法は生きるための基礎・基本であるといっても，それだけでは十分であるとは言い切れない。そのために，学校教育においては繰り返し述べてきたような「総合的な学習の時間」の創設が求められた。このなかで記されているとおり「自ら課題を見付け，自ら学び，自ら考え，主体的に判断し，よりよく問題を解決する資質や能力を育てる」というねらいは一層これからの教育のなかで不可欠になっていくといえる。

しかし，上記のねらいに示されたことや学ぶことは子どもたちだけに必要なのではない。大人にとっても，生きている限り一生学び続ける必要がある。今日，学校教育では，知識・技能習得型の学習と体験にもとづいた探究型の学習は両方とも必要であるとされている。これは大人にとっても同じである。しかし，大人にとっては，その差し迫った必要性のなかで，前者に取り組むことは多い。また，学ぶことは前者の方法だけと考えられることもある。しかし，後者の体験にもとづいた探究型の学習も人間を成長させることに大きくつながる。当然ながら，その具体的な方法についてはいろいろと考えられる。

ここで，大人にとっての「総合学習」を考えてみたい。体験することは，自分の考え方や生き方に大きな影響を与える。しかし，日常生活のなかで誰もが大きな経験をするわけでもなく，頻繁に大きな体験があるわけでもない。むしろ，生活に直接影響を与える体験はあまりありがたくないものが多く，このような大きな経験がない平凡な日々のほうを望みたいところもある。そのため，従来から指摘されているように「読書」のような代理経験は，自分の人生を考

えるうえで大きな刺激となったり，生きていることのおもしろさ，例えば「人生のインタレスト」を感じるための重要な礎となったりすることがある。インターネットが一般的になった今日においても，活字から想像力や感性を高める点で，人の成長には読書が欠かせない所以である。

しかし，一歩踏み出した実際の体験にもとづく学習の重要性を考えたい。ここで提案したいのは，「環境教育資源に満ちた地域の再発見」である。つまり，現在の自分の日常生活を送っているのとは違った場所で，ものごとを考える機会をつくることの意義である。これが環境や持続可能な社会を意識するきっかけとなることが期待でき，「環境教育資源」が今日求められる「観光資源」にもなりうることが考えられる。一般的に「観光」といえば，単に物見遊山的なイメージがあるかもしれない。ほかに適切なことばを模索中であるが，なかなかみつからず，現在では「観光」というのが最もなじみのあることばかもしれない。そのため，あえてここではこのことばを用いる。場合によっては，「観光対象」となる地域の素材を「環境教育」やESDの教材としてとらえなおす機会と考えてもよい。

国内外にかかわらず，各地域にはさまざまな自然景観・歴史景観があり，そこを舞台とした自然・歴史環境と人間活動とのかかわりが見られる。学校教育における「総合的な学習の時間」のなかでは，地域を主題として学習者たちは自分で課題を見つけ，それを解決する方法を自分で探し，その方法は目的に適っているのかどうか，自分で確認しながら，結論を導くことに努める。大人にとっても，この問題設定や問題解決への考え方の道筋は大きく変わらないし，そのトレーニングに終わりはない。

さまざまな自然景観や歴史景観，それらと人間生活とのかかわりを，自分から求めて旅に出かける。そして現地での体験によって，今まで考えたことがなかったことや，イメージと異なった景観を実感する。さらに自分の体験を人に伝えることによって，意識しなかった自分の気づきがわかり，自分が見えてくることも期待できる。

つまり，自分でフィールドを求め，自らフィールドワークを設定し，それに

則った活動をする。限られた予算や時間のなかで,いかに日常生活から離れ,文字通り「自分探し」の旅をどのように行うかは,人によっても大きく異なってくる。自然のダイナミクスを感じることも多いし,そこで生計を立てている人たちとの出会いもあるかもしれない。当然,一人で出かけてもよいし,何人かのグループでもかまわない。重要なのは,帰ってからそれを整理して記録したり,ほかの人に伝えたりすることによって,自分自身の体験を振り返ることである。これは,学校教育での「総合的な学習の時間」の活動方法と類似するかもしれない。

自分とは生活や考えが異なった人と話をすることによって,自分の考えや思いに気づくことがある。それと同じように,他の地域を体験することによって,自分が生活する地域の良さや問題が見えてくることも多い。

本書によって,日本海側や地方に多く存在する自然景観・歴史景観への興味・関心が高まり,これらが,自然と人間,人間と社会とのかかわりを再認識する環境教育やESDの素材として意識するきっかけとなることを願っている。また,意識だけでなく,今日,環境問題解決に望まれている一人ひとりの行動につながったり,多様な価値観のなかでも合意形成を伴う活動が可能になったりすることを期待している。

そのような観点から,日本海側や地方への自分探しの旅のフィールドワークの助けになれば幸いである。

参考文献
「国連持続可能な開発のための教育の10年」関係省庁連絡会議『わが国における「国連持続可能な開発のための教育の10年」実施計画』2006年3月30日
藤岡達也(2007)「総合的な学習の時間における環境教育展開の意義と課題」『環境教育』vol. 17-2, pp. 26-37

第2章
日本の東西を分ける糸魚川の魅力

① フォッサマグナの自然景観から日本の自然史を探る
──糸魚川・静岡構造線とフィールド・ミュージアム──

(1) 日本列島の自然景観・文化を二分する境界

　糸魚川・静岡構造線は，日本の地質構造を北東部と南西部に大きく二分する。しかも，その全長は日本海側から太平洋側にかけて約250kmにも達し，日本でも最大級の断層の一つである。この構造線より大きな断層は西日本の東西の広い範囲にわたって連続する中央構造線のみである。

　しかし，それに伴う自然景観だけでなく，社会文化までも，この断層線を境に日本列島を東西に区分して考えることができる。また，これが現在の日常生活にまで影響を与えることがある。例えば，明治の比較的早い時期に，ほとんどこの構造線を境界にして，異なった周波数Hz（ヘルツ）が決められた。このことは，今日でも電化製品の購入時や引っ越しの時に配慮しておかなければならないようになっている。

　周知のとおり，現在，家庭用の電気は流れる方向が1秒間に何回も変化するいわゆる交流となっており，この流れの変わる回数が周波数と呼ばれている。周波数は，ほぼ糸魚川・静岡構造線より西側が60Hz，東側が50Hzである。電気製品がどちらにも対応したものであればよいが，60Hz専用であったり，50Hz専用であったりする場合，間違えると，電気製品が壊れたり，火災になったりする危険性もある。そのため，糸魚川・静岡構造線をはさんで引っ越し

等をするときは，周波数に注意しておかなければならない。当然ながら，日本の周波数を統一することは，その後も議論はされてきたが，より混乱を招くとのことで現在にいたっている。

このようにHzが異なるのは，明治時代に日本が発電機を輸入した時，関東はドイツから，関西はアメリカからとそれぞれに異なっていたからである。糸魚川・静岡構造線が後述するナウマンによって提唱されてから，7，8年後に現東京電力の前身・東京電灯がアメリカから発電機を購入した。これは，ナウマンの影響を受けたというより，当時の東日本と西日本の自然な文化的伝搬と考えたほうがよい。つまり，ナウマンが地質による東北日本と西南日本との区分を提唱する以前に，この線あたりを境界として，日本の東西の生活様式，しいては文化や交流の違いがあったと考えられる。

ただ，この文化的な境界線は従来から指摘されており，明治以前の行商にも，このあたりではっきり分かれていたといわれている。また，上記のHzが異なっても大きな混乱がないのは，現在でも，糸魚川・静岡構造線を越えた東日本，西日本の生活空間まで伴う移動が少ないからであると説明されることもある。確かに糸魚川・静岡構造線の西側では，飛驒山地や木曾山地など急峻な山岳地帯が続いており，東西の交流に大きな妨げとなったことは容易に推測できる。

では，この糸魚川・静岡構造線は自然景観として，どのような特色をもち，人間活動にも影響を与えるようになってきたのかを次項以降で見ていきたい。

・プレートの境界

糸魚川・静岡構造線の境界は，それより西側がユーラシアプレート，東側が北アメリカプレートと呼ばれる二つの巨大なプレートが接触している場所でもある。つまり，この構造線では，北アメリカからつながっている岩盤と，ユーラシア大陸からつながっている岩盤がぶつかると言う地球規模での壮大なスケールの一端をうかがうことができる（図2-1）。

糸魚川・静岡構造線は，新潟県糸魚川市の姫川下流から始まり，途中，長野

図2-1 日本列島をとりまくプレート

写真2-1 プレートの境界

写真2-2 断層粘土

県の松本盆地を通る。そして，諏訪湖，釜無川を経て，静岡県の富士川に沿って静岡市，駿河湾に連なる。結果的に始点の糸魚川から終点の静岡まで，一直線というより，緩いＳ字を描くことになる。ただ，プレートどうしの衝突部分である断層の境界は，糸魚川・静岡構造線のどこでも観察できるわけではない。この長い断層線のなかでも観察に適した露頭（崖の切通し）は数カ所しかない。その数カ所の露頭でさえ，放っておくと侵食されたり，すぐに草が生えたりして，本来見られたはずの地質構造がわからなくなってしまうことが多い。

そこで，糸魚川市は，この断層の露頭の周囲を積み石やコンクリートで舗装し，断層の境界線がわかるようにしている。写真2-1, 2は，その舗装された露頭である。ここでは，崖崩れを防ぐためにコンクリートで固めているが，地質の状態を観察しやすいようにも配慮されている。また，それぞれのプレート名や岩石名などが記入されていたり，春から秋にかけては，「断層位置」などの説明板も立てられたりしている（冬場は積雪のため説明板がはずされている）。これらの整備は，後に述べる「ジオパーク」の観点からも重要な意味をもっている。

糸魚川・静岡構造線が，この二つのプレートの境界線と理解されるようになったのは，古い話ではない。

12　第2章　日本の東西を分ける糸魚川の魅力

かつては，日本列島はユーラシアプレート上に乗っており，単純に東側からは太平洋プレート，南東側からはフィリピン海プレートが押し寄せてきていると考えられていた。ところが，1983（昭和58）年日本海中部地震，1984（昭和59）年長野県西部地震，1993（平成5）年北海道南西沖地震など，従来から存在が考えられていたプレートどうしの動き（プレートテクトニクス）だけでは説明のつかない地震が連続して発生している。これらの地震の発生と北アメリカプレートの延長との関連が考えられてきたのである。

　この糸魚川周辺で観察できる断層の露頭は，逆断層と呼ばれる状態を示している。つまり東西方向からの圧縮の力によって，断層面をはさんで上盤が下盤よりもずり上がった状態となっているのである。垂直方向での断層の変位を見た場合，逆に下盤の方が断層面を境界にして，上にずり上がったかたちをとることもある（これは正断層と呼ばれる。なお，正断層の形態が観察されるのは両側の岩盤に対して引っ張りの力がはたらいたためである）。

　日本列島では図2-1で示したような4枚のプレートが押し合って接触しているため，一般的に見られる断層は，ほとんど逆断層の形態として観察される場合が多い。

　糸魚川・静岡構造線と呼ばれる断層をはさんで西側は億年単位で形成された古生代の地層，東側は二千数百万年前に形成された新生代後期の地層と年代的にも大きな差が見られる。当然ながら，その延長線上の山々の景観をつくっている岩体もそれだけの年代差ということができる。山体は現在では植生に覆われているために，一見すると大きな違いはないように見える。しかし，両側の山体は，もとになる岩石の違いを反映して明らかに異なった景観を示しているのである。とくに，より新しい時代に形成された東側の岩体およびその周辺地域一帯は，新生代新第三紀（二千数百万年前）の砂岩・泥岩などの堆積岩からできている。これらの堆積岩は含まれている鉱物から水を含んだりすると崩壊しやすくなる。そのため，地すべりや斜面崩壊などを起こしやすくなっている。

　南から北へ向かっての地すべりによって，鮮新世（約300万年前）の火山岩類の巨岩がゆっくりと運ばれて集まったところに「月不見（つきみず）の池」

写真2-3　月不見の池

ができている（写真2-3）。地下水はすべり面を伝わり，その末端部で湧水となって，この池をつくっている。

なお，地すべりを起こしやすい砂岩・泥岩層の存在は，この地域に限ったことではなく，新潟県全域にわたって広く分布している。そのため，新潟県は全国でも最も地すべりを起こしやすい地域が多く，地震や豪雨時などに大きな自然災害を生じることになる。これについては，また別の章で詳しく論じる。

・ナウマンと「フォッサマグナ」

　糸魚川・静岡構造線の東側はフォッサマグナと呼ばれている。これは，ラテン語で「大きな溝」という意味であり，言い換えればフォッサマグナの西縁が糸魚川・静岡構造線に相当する。ただ，フォッサマグナの東縁はあとで述べるように確定されているわけではない。

　このフォッサマグナを名づけたのは，ハインリッヒ・エドムント・ナウマン（1854～1927）である。日本では「ナウマン象」の発見者として有名であるが，初の日本列島全体の地質図を作成するなど，国内を広い範囲にわたって調査した。ナウマンは明治の初期に，いわゆる「お雇い外国人」の一人として，日本政府によってドイツから招聘された。日本では，明治維新後すぐに最先端の科学技術が必要な分野に，欧米から技術者や科学者が高額の給料で雇われることになった。当時，重要視された港湾整備を含めた河川の治水技術者，鉱山技術者などはその典型的な例である。

　ナウマンは資源調査の技術者としてだけでなく，むしろ研究者として，日本の地質学界に大きな貢献をした。また，新設された東京帝国大学の初代の地質学教授として，後進の育成への道も開いた。さらに地質調査所の設置にもかかわった。ただ，日本での地質学分野の華々しい業績に比べ，ドイツに帰国してからのナウマンの評価は必ずしも高くなく，十分なポジションには着くことが

できなかったといえる。

　さて、フォッサマグナについてであるが、ナウマンは、その東縁を直江津（新潟県上越市）・平塚（神奈川県）線とした。しかし、このような地質構造線は見あたらない。その後もフォッサマグナ地域については、さまざまな研究や論文等が見られるが、明確に東縁については示されていない。そこで、フォッサマグナについては、この研究の第一人者ともいえる故山下昇信州大学名誉教授・糸魚川市フォッサマグナミュージアム名誉館長の次の定義に従いたい（抜粋）。

　「フォッサマグナは日本列島の中央部においてこれを横断して南北に延びている地帯である。その西縁は糸魚川・静岡構造線である。東縁は明確ではない。しかし、糸魚川・静岡構造線に沿って、その東側に火山噴出物に富み、厚くて変形の著しい中期岩層が分布している。この中期岩層と糸魚川・静岡構造線とが、フォッサマグナを特徴づける最も基本的なものである。この中期岩層を覆って新期の火山が列をなして噴出している。フォッサマグナの南の延長上には七島山脈があって、フォッサマグナと深い関係があることを示唆している。」（山下昇『フォッサマグナ』より）

　ここで、中期とは、フォッサマグナが発生、活動した新生代新第三紀から第四紀更新世前期（2500万年前から70万年前）をさし、新期とは、それ以降現在まで（70万年前以降）を示している。なお、古期はフォッサマグナが活動する前の中生代以前の時代をさす。

　そして、山下は柏崎・千葉構造線を東北日本の南限としているが、これでは、ナウマンのフォッサマグナの概念を大きく変えてしまうので、あえて、これをフォッサマグナの東縁とはしていない。最近では、新発田・小出構造線〜柏崎・千葉構造線を東縁ととらえることが多い（図2-2）。しかし、いずれにしても、フ

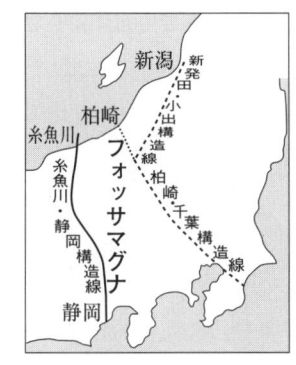

図2-2　フォッサマグナの範囲

1　フォッサマグナの自然景観から日本の自然史を探る　　15

ォッサマグナをつくる地質は，その両側の新生代以前に形成された岩石を主とする地質と比べても新しい。

フォッサマグナの範囲には，北から妙高山，黒姫山，浅間山，八ヶ岳，そして富士山，箱根山まで含んでいる。そのため，溝というイメージはもちにくい。これは，火山の形成が上で述べたようなフォッサマグナの地層の堆積した時期よりも新しいためである。

(2) 日本の地史が集約されている糸魚川地域
・日本列島の歴史を語る糸魚川の岩石

糸魚川市にある青海地域の特色として，比較的狭い地域にもかかわらず，日本列島の土台の形成や日本海の成立を探ることができる点があげられる。この地域では，億年単位の岩石がさまざまなことを語ってくれる。全体として複雑な地質構造をしているが，この地域を構成する古い時代の石灰岩，チャート，砂岩，泥岩，頁岩などの堆積岩，結晶片岩，蛇紋岩等の変成岩，さらにそれらを貫く花こう岩類も観察できる。

例えば，その堆積岩の一つ，石灰岩はわが国では，数少ない自給できる鉱物資源である。この石灰岩は含まれているサンゴ類の化石やフズリナ化石から数億年の古さをもっていることがわかる。しかし，石灰岩は，この地で形成されたのではない。例えば，石灰岩を形成するもととなったサンゴ類は暖かく，水質のよい浅い海で生息する生物である。したがって，現在の日本列島より，はるか南方の島々の周囲で造礁されていたと考えられる。それが，プレートの移動によって，当時アジア大陸の東側にあり将来日本列島となる場所に付加してきた。写真2-4に示したのは，いわゆる青海石灰岩と呼ばれる明星山の岩壁である。この石灰岩は黒姫山，清水山地域にも見られ，フズリナ類や四射サンゴなど

写真2-4 石灰岩からなる明星山

の化石を多く産出する。

　石灰岩は二酸化炭素を含んだ水に溶けやすく，カルスト地形や鍾乳洞をつくるなどの自然景観の形成にも特色的である。日本列島においても，山口県の秋吉台・秋芳洞，福岡県の平尾台，福島県の阿武隈鍾乳洞など観光用に整備された多くの石灰岩地形を全国各地で見ることができる。これらの地域と同じように，青海地域の福来ケ口周辺にも地下に壮大な鍾乳洞が存在することが知られている。一時期，糸魚川の市議会でも，この鍾乳洞を観光用に開発することが論議されたことがある。現在では，地下に広がるこの鍾乳洞を見学することができないが，将来の観光化への開発も期待される。

　同じ堆積岩に属する，チャートと呼ばれる硬い岩石もこの糸魚川周辺で見られる。チャートとは，もともとは放散虫と呼ばれる生物の硬い殻が集まってできたものである。これらも現在の日本海付近には生息せず，南方の暖かい海中に生息していた。それらの死骸が海底に堆積し，長い時間を費やした続成作用の結果，岩石として形成されたものがチャートである。チャートも石灰岩と同じようにプレートの動きによって運ばれ，現在の日本列島となる地域に付加したものである。放散虫は短時間で生存状況が変わりやすく，そのために示準化石としても，日本の中古生代の地史の解明に大きな役割を果たした。

・糸魚川周辺の岩石から探る日本列島の形成
　また，この地域には多くはないが海底火山を噴出起源とする緑色岩を見ることができる。この岩石は玄武岩と同じような火山活動にかかわって形成されたものであるが，海中で他の堆積物質と同様に堆積し，続成作用によってつくられたため，分類上は堆積岩に入れられている。

　以上のような緑色岩，チャート，石灰岩からなる地層が形成されるには，現在の日本列島からずっと南方で，しかも億年単位という気の遠くなるような歴史が必要である。つまり，プレートが形成されるような海嶺周辺の海中での火山活動から緑色岩が形成され，海中深くに放散虫の遺骸が堆積し，チャートがつくられた。また，プレートの移動途中において，島々の周囲に発達した造礁

写真2-5 青海自然史博物館

性サンゴが現在見られる石灰岩となった。上の岩石が長い年月の間，太平洋を年間数センチメートルの単位で移動し，日本列島の骨格をつくってきたことになるのである。これらは当時，まだアジア大陸にあり，将来の日本列島となる部分に付加したものである。

それが，今から二千数千百万年前，日本列島が大陸から離れ，日本海が形成されるようになった。その時代の活発な海底火山の活動によって，さまざまな種類の溶岩が噴出し，多様な火山岩を形成したのである。当然，海底中に沈んでいた地域では，大陸から供給された礫・砂，泥によって堆積された物質が地層を形成するようになる。

最初に述べたように，この地域での岩石を見ると日本列島の歴史がわかるといったのはこのような背景が推定されているからである。なお，青海自然史博物館では，これらの岩石をすべて見学することができる（写真2-5）。

また，上で紹介してきた岩石は先史・古代から現代までいろいろな方法で人類に活用されてきた。とくに，現在でも，先に述べた糸魚川市内の石灰岩も化学原料やコンクリート・セメント等の材料として利用されてきている。石灰岩は現在の日本において活用度の高い重要な非金属鉱物資源であるため，毎年多量に採掘されている。

・糸魚川の宝石ヒスイ

さらに，この地域の岩石で興味深いのは，もとの岩石が高い圧力や温度によって新たな岩石となった変成岩である。例えば，結晶片岩，蛇紋岩，ヒスイ輝岩，変斑れい岩などを見ることができ，とくに，蛇紋岩に取り込まれたなかでヒスイ輝岩が有名である。

蛇紋岩は上部マントルにあったカンラン岩が，大陸プレートの下へ沈み込んでいく海洋プレートから放出された水と反応してできた岩石と考えられてい

る。カンラン岩が蛇紋岩に変わると，蛇紋岩はカンラン岩より密度が小さいために，上昇することになる。その途中に蛇紋岩はヒスイ輝岩やさまざまな変成岩を取り込む。そのため，姫川流域の糸魚川で見られる変成岩は，蛇紋岩複合岩体と呼ばれることがある。

　ヒスイ輝岩を構成するヒスイ輝石については次項で，人間にとっての宝石としての価値をもつ側面を中心に述べる。ヒスイ輝石は，白・緑・紫・青など多様な色を呈する。緑色のヒスイ輝石が最もなじみのあるものとされており，従来これはクロムの含有量が多いためと考えられていた。しかし，これは必ずしもあてはまらないことがある。

　なお，ヒスイ輝岩中に青紫色した脈状や斑点状の形をして存在する「糸魚川石」は1998（平成10）年に新鉱物として国際的に認定を受けている（新潟県では3番目の新鉱物，日本では78番目）。その後，この地域では，ヒスイ輝石岩から新鉱物の認定を受ける鉱物が相次いで発見された。これらは，この地域や県名・人名にちなんで，蓮華石，松原石，新潟石（新潟県では，それぞれ4，5，6番目の新鉱物）と命名された。今後も糸魚川市域で新鉱物が発見される可能性は高い。

　ヒスイは日本各地で発見されているが，宝石的価値をもつものを産出するのは，糸魚川市域に限られている。このヒスイを先史・古代からどのように活用・利用してきたかについては，別の項で紹介したい。

(3) フィールド・ミュージアムの魅力とジオパークへの登録

　近年，博物館の概念が大きく変わりつつある。単なる展示だけでなく，「ハンズ・オン」型と呼ばれるように見学者の体験を意識した展示も増えつつある。しかも，それだけではない。博物館としての建物の中だけでなく，地域のフィールド全体が博物館とみなされている場合も多い。場合によっては，特定の自然景観や歴史景観を含んだ地域や町全体をミュージアムとしているところも見られる。近年，日本各地でもこのようなフィールド・ミュージアムと呼ばれる野外博物館の設置が目立つようになっている。

フォッサマグナ周辺のフィールド・ミュージアムは，先に紹介した糸魚川・静岡構造線の断層露頭だけでなく，ほかにも見学・観察用の露頭が整えられている。例えば，フォッサマグナが活動しはじめたのは，新生代新第三紀と呼ばれる時代である。これは，日本列島が誕生した時代といってもよい。つまり，それまで，大陸の一部であった日本列島が大陸から分離し，現在のアジア大陸と日本列島の間に日本海が形成された時代である。この時代は東北側の日本列島が海に沈んでいたり，先述したような海底火山活動が活発であったり，かなりの激変の時代であったと考えられている。そのおかげで，日本海側に石油が形成されたり，東北地方を中心に，最近まで稼行対象となっていた黒鉱鉱床が生成されたりした。

　その海底火山活動が活発なこの時代のダイナミクスをフォッサマグナ周辺のフィールド・ミュージアムで垣間見ることができる。その一つに「枕状溶岩」の露頭の観察地域が整備されている。海底火山活動が活発な時期，噴出溶岩が海底中に現れる場合，溶岩の周囲は急冷され，丸みをもったまま枕の形をしたような状態で固結される。現在では，落石防護用のトンネルがつくられているため，全体の状態はとらえにくいかもしれないが，写真2-6は枕状溶岩を示したものである。ここでは冷却中に中央部に向かって収縮した影響を受け，放射状に亀裂が入っている。

　かつての海底火山活動の跡として，国内外で枕状溶岩が観察される場所は多い。しかし，フォッサマグナミュージアムによると，ここで観察される枕状溶岩の直径は，日本で観察される枕状溶岩のなかで最も大きいとされている。

写真2-6　枕状溶岩の露頭

・世界ジオパークへの登録をめざして

　現在，日本各地で世界ジオパークネットワークへの登録の準備が進められている。ジオパークとは，一種の自然公園ではあるが，地質的に価値の高いものを複

数含むのが，その大きな特徴といえる。2004（平成16）年には，ユネスコの支援により世界ジオパークネットワークが設立され，現在では世界各地で53カ所のジオパークが，参加基準を満たすジオパークとして認められている。

ジオパークをユネスコのリーフレットから簡単に説明すると「ジオパークとは，特に重要であったり，希少であったり，審美的にアピールできる多くの地球遺産を含んだ国家的に保護されている地域のこと」である。

これらのいわゆる地球遺産は，保護，教育そして持続可能な開発の総合した概念の一部にあるとされている。ジオパークは，保全，教育，ジオツーリズムの3本柱のアプローチによって目的に達するとみなされ，これらが基準となっている。3本柱の最初の2つはとくに新しさを感じないが，ジオツーリズムという言葉が用いられていることは興味深い。ジオパークはジオツーリズムを通して経済活動，持続可能な開発に刺激を与えることが期待されている。訪問者をひきつけ，増加させることによって，ジオパークは地域の自然遺産とリンクした質のラベルの向上をとおして，地域の社会経済の発展に刺激を与えることになる。そこでは，ジオツーリズムやジオプロダクツを含む地域の企業や宿泊業の創造を激励することが重視されている。

これらを考えると，フォッサマグナパークを含んだ糸魚川市域が世界ジオパークに登録されることは，地学関係者だけでなく，地域にとっても大きな意義がある。つまり本地域の振興や活性化に影響を与えることが期待される。現在日本各地で13カ所のジオパークの候補地があげられている。いずれも日本の地球遺産を世界に発信することが可能なものである。そのなかで，協議会ができ，最初の長を糸魚川市長が務めることになったことからも，日本のなかでも，糸魚川のジオパークが世界の登録に近いと期待することができるだろう。

② アジアの宝石，ヒスイ文化と考古学遺跡

（1）ヒスイの文化的意味

ヒスイは広い範囲にわたって日本の遺跡から発見されている。縄文，弥生，

古墳時代を通して列島各地で，ヒスイは愛用されていたといえる。しかし，ヒスイを所有できたのは，各地域の拠点となる集落の限られた者だけであった。縄文時代の代表的な青森県三内丸山遺跡の集落からも，また弥生時代の遺跡が集中する近畿地方の有名な集落遺跡からも，ヒスイ製の遺物が出土しているが，それらは糸魚川産のものである。

確かに糸魚川以外でもヒスイは産出されるが，先史・古代において，宝石として取り扱われたのは，新潟県の糸魚川や青海で産するヒスイに限られていた。言い換えれば数千年にわたって日本列島中，九州から北海道まで，ヒスイの玉といえば糸魚川，青海産のヒスイというこだわりが日本人にはあったのである。それだけに糸魚川市にとってもヒスイは市のシンボルであり，糸魚川市内各地でヒスイが展示されたり，装飾されていたりするのを目にする。

古代においてヒスイは日本だけでなく，中国も含め，とくにアジアでは金銀よりも価値は高かったと指摘されることがある。また，不思議なことに日本においても過去の一時期にその価値が重視されても，別の時代には見向きもされなかったことがある。

糸魚川市のなかで，天然のヒスイは，その名前の由来どおり，ヒスイ峡で数多く発見することができる（コラム参照）。しかし，その代表的な小滝ヒスイ峡（写真2-7）では，採取することが禁じられているため，自然のなかでヒスイを入手するには，小滝川のなかでも指定地域を離れた場所や日本海側の海岸で探す必要がある。ただ，緑色をした岩石は多く，時々，ほかの岩石や鉱物がヒスイと間違われることがある。また，ヒスイの美しさやその特色は表面が研磨されることによって初めて気づかされることも多い。

写真2-7 小滝ヒスイ峡

ヒスイは漢字で書くと「翡翠」と書く。「翡翠」には「ヒスイ」のほかに「カワセミ」という読み方がある。カワセミは，水辺にすむ体長17cmほどの鳥

である。長いくちばしを使って水に飛び込んで小魚を捕らえたり，巣穴を掘ったりする。翡翠の「翡」にも「翠」にも，「羽」という文字が含まれていることは鳥であることの表れである。そして「翡」はカワセミのオス，「翠」はカワセミのメスを意味している。また，「翠」は「みどり」とも読み，「翡」は赤色の意味をもっていて，「翡翠」の2文字は，赤と緑という意味をもっている。これは，カワセミの羽の色を見ると，腹側はオレンジ色で，背中側が青緑色で赤と緑になっているからである。どうしてヒスイには鳥の名前と同じ漢字が使われているのだろうか。

それは，現在ヒスイと呼ばれている石には名前がなく，名前がないと困るので，中国で名づけられたといわれている。名前をつけようとしていた，それらの石には，緑色とオレンジ色のものがあり，その色がカワセミの羽の色に共通していることからづけられたとされる。

一般的に「ヒスイは何色か？」と質問すると，ほとんどが「緑色」と答えるであろう。しかし，ヒスイには緑色以外に，白色，淡紫色，青色，黄色，オレンジ色，赤色，黒色，ピンク色など，実にさまざまなものがある。

(2) 技術加工品としての硬玉ヒスイ

ヒスイと呼ばれるものには，硬玉と軟玉の2種類がある。軟玉は硬玉より硬度が低い石で，化学的に組成も違いまったく別の石である。硬玉は宝石であるが，軟玉は分類上，貴石とされていて価値という点でもまったく異なる。糸魚川，青海産のヒスイはもちろん硬玉である。

ヒスイといえば置物や装飾品の種類や数が豊富であるため，ほとんどが中国産ととらえられやすい。しかし，中国にあるのは軟玉である。そのため，彫刻しやすく，丁寧な細工が施されるのである。

日本人がこだわったのは硬玉ヒスイである。この硬玉ヒスイを実際に使って古代に玉をつくっていたヒスイ文化圏が世界には二つあったとされる。その一つはメソアメリカ，メキシコおよびその近辺であり，もう一つが日本なのである。しかも，遺跡の調査などから，日本の方が少し古そうであることがわかっ

てきた。

　古いということは，それだけ早くからヒスイを玉にし，穴をあける技術があったということである。一体どうやって玉にし，穴をあけたのであろう。日本語の「かたい」というのは，「硬さ」である。ヒスイはモース硬度でいうと，6.5～7である。この硬度では，宝石としては最低クラスであり，傷つきやすいということである。だが，もう一つの「かたさ」がダイヤモンドをしのぐほどなのである。それは「堅さ」であり，壊れにくさ，加工しにくさである。叩いてもなかなか壊れず，穴などあけることは非常に難しい。

　以前は，ヒスイの玉は国外から持ち込まれたものであると考えられていた。ところが，1950年代になって橋立ヒスイ峡（コラム参照）が発見されたことと，次に述べる長者ヶ原遺跡で制作途中のヒスイの玉や，制作のための道具が発見されたことから，国内の，しかも糸魚川の地で制作されていたことが明らかになってきたのである。

　長者ヶ原遺跡などの調査から，姫川の河口や海岸で採取された原石が集落に運ばれ，ヒスイのハンマーで整形され，砂岩の砥石で削り磨かれていたことがわかってきた。しかし，穴をあけるのは至難の技である。遺跡の遺物から復元すると，研磨剤として石英の粉を入れて，ササのような管で穴をあけていく方法が推定される。しかし，この方法で実際にやってみると，1時間に深さ1mmほどしかあけることができない。手の皮もむけていく大変地道な作業である。勾玉や管玉などに加工するには膨大な時間と労力がかかったことが推測される。

　この穴をあける作業は，生活に必要な石斧などには，ほとんど施されてはいない。その一方で儀器，呪術具，装身具などの制作に大いに応用されている。首飾り，胸飾りなど比較的小物で，その穴の多くは紐を通して垂下するためだったようである。これには適当な軟らかさ（硬度1度前後）の滑石が石材として使われることが一般的であった。滑石は，磨きをかけると艶が出て，見た目も美しく，形を整えるにも，孔を空けるにも容易だからである（写真2-8）。この性質が石製装身具などの普及と継続につながった。ところが，あえて縄文

人はここでかたいヒスイ,しかも糸魚川産のヒスイにこだわって,玉をつくり,穴をあけたのである。

ここでヒスイの価値について目を向けてみる。ヒスイは,私たちが,つい使いたくなる装身具という言葉だけでは,その重要性を言い当てることはできないと考えられている。ヒスイは,人間の肉体

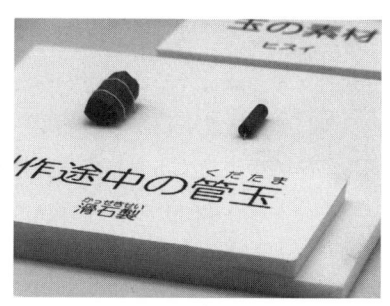

写真2-8 滑石製品

が滅んだ後でも,人間のかわりに,永遠に輝き,硬さ,色を残してくれるものである。日本列島の各地で,硬玉ヒスイを手に入れるために努力したということの真相は,死後の世界を守ってくれ,自分がいたということが永遠に残り続けることができるようにと,ヒスイに願いをこめていたことが考えられている。

ところで,先史・古代には,このように重要視されていたヒスイであるが,奈良時代以降には利用されなくなっていった。これは,ヒスイが現在の宝石のような位置づけの権威や富の象徴ではなく,呪術的な意味で利用されていたためと考えられている。ただ,ヒスイを利用しなくなった理由,つまりヒスイ文化消滅の理由はまだ解明されてはいない。

(3) 縄文時代の豊かさの象徴としての長者ヶ原遺跡

近年,日本各地での縄文遺跡の発掘から,縄文時代の生活様式までもが復元され,食生活をはじめとしたその豊かさに着目されることが多い。つまり,かつての縄文時代のもつイメージとは大きく異なってきている。この糸魚川市にも先に述べた長者ヶ原遺跡など多くの著名な縄文遺跡が存在し,その生活様式の一部が推測されている。

姫川下流域を中心とした富山県北西部から新潟県南西部にかけての縄文時代の集落では,ヒスイや蛇紋岩製の石斧などが多く産出している。とくにその中心となる寺地遺跡と長者ヶ原遺跡は工房としてのムラの性格が明らかになって

いる。

　長者ヶ原遺跡は，糸魚川市の西を流れる姫川の河口より約3km，標高90m前後の丘陵に位置する。縄文時代早期から後期に渡って長期に営まれたものである。その中央部にある集落跡は南北180m，東西100mもの範囲に及び，縄文中期の4500〜3500年前頃に最も栄えた。発掘調査域は遺跡全域の数パーセントにもかかわらず，24棟にもなる住居跡や貯蔵穴のような遺構が多数，発掘されている。現在，長者ヶ原遺跡では，遺跡公園として当時の集落や住居の一部が復原されている（写真2-9）。

　最近，日本各地で縄文集落や遺構の発掘が相次いでいる。それによって，当時のさまざまな建築物が推定されている。ここでも倉庫跡などが報告されているが，長者ヶ原遺跡に限らず，国内各地の遺跡でも，三内丸山遺跡（青森県）に見られるように，柱穴からだけの推定では，復元された建築物の正確さに限度があるのも事実である（写真2-10）。

　しかし，これらの建築物から，縄文時代においてもすでに集落の運営など協力体制による社会秩序も形成されつつあったことだけは推測できる。

　従来から，縄文時代は貧富の差が少なく，ムラ単位の争いもほとんどなかったと考えられている。次の時代の弥生時代と比べても平和な状況が想像されているが，その安定さは豊かな自然環境にともなう食料によっても支えられていたと考えることができる（写真2-11）。

　ただ，縄文時代の豊かさは，水の便がよいこと，水産・農作物，狩猟のいわゆる飲食の条件を満たす自然環境について

写真2-9　遺跡公園

写真2-10　柱穴から復元された建造物
　　　　　（青森県三内丸山遺跡）

注目されることが多いが，決してそれだけが地域の繁栄や集落の形成につながるのではない。道具などの原材料の供給地も大きな意味をもっていた。また，それらを加工する特別な技術をもった職人の集団の存在も推定することができる。

長者ヶ原遺跡からの膨大な出土品には，玉や石斧の生産にかかわる資料を多

写真2-11　縄文時代の生活空間

く含み，遠隔地からの搬入品も少なくない。当遺跡からの出土品は，先史・古代において，日本各地の遺跡から出土する黒曜石，サヌカイトおよびそれらからできた遺物などとは少し違った意味をもっているといえる。ただ，この地域でも，ヒスイや蛇紋岩をはじめ，多くの石器原石の産出が先史・古代の技術の発達に大きな影響を与えていたことが推測できる。

繰り返して述べるが，ヒスイとそれに伴う蛇紋岩製の石製品の価値は高く，日本やアジアの先史時代においてのブランド品ともいえる。また，興味深いのは，糸魚川に位置する長者ヶ原遺跡からも縄文時代中期の火焔型土器が出土していることである。火焔型土器は縄文中期の一時期，しかも主な分布範囲は信濃川中流域に位置する現長岡市，十日町市，津南町などに限られている（中越地域の火焔型土器について詳しくは第4章で紹介する）。

逆に火焔型土器を多く出土する中越地域の遺跡から糸魚川産のヒスイ，蛇紋岩製の石器が多数見られる。このことから，当時の中越地域との交流は国内でも高度なレベルの芸術品を介した地域間交流であったといえる。

（4）ジオパークを構成する考古学的要素

前節で簡単に紹介した「ジオパーク」とは，保護，教育，持続的発展という総体的な観点から地球遺産を扱うある地理的な地域ないし空間である。地域全体の地理的条件が考慮されていなければならず，単に地学的な重要なサイトを集めた，というだけではジオパークとは見なされない。地質学とは関係ないテ

写真2-12 復元された縄文住居

ーマでも，とくに地形と地質の関係を利用者に示すことができる場合は，ジオパークに含められている。同じ理由で，生態学，考古学，歴史や文化面で価値あるサイトもジオパークに含める必要がある。多くの社会は自然史と文化史，社会史が密接に関連しており，切り離すことはできないためである。

　この点からジオパークを構成する一員としての長者ヶ原遺跡を考えてみる。長者ヶ原遺跡は，2001（平成13）年遺跡公園として公開を始めた。ここでは，先に述べたように縄文時代の竪穴式住居が復元された形で展示され，中に入ってみることもできる（写真2-12）。また，その配置をみると環状になっていることに気づく。中央には広場があり，その周辺に住居があるといった並びである。縄文の時代にはそれがどんな使われ方をしていたのか，訪問者にとって，太古のロマンに思いを馳せることもできるようになっている。

　また，遺跡に隣接する長者ケ原考古館は1994（平成6）年に開館した。考古館には，この遺跡からの出土品である孔が空けられたヒスイやその途中の過程のヒスイ，ヒスイに孔を空けるための道具等が展示されている。この地でヒスイが加工されていたことを物語る貴重な出土品である。

参考文献
山下昇編著『フォッサマグナ』1995年，東海大学出版会，300p.
竹之内耕・宮島宏『よくわかるフォッサマグナとひすい』糸魚川市教育委員会，フォッサマグナミュージアム，174p.
新潟県地質図改訂委員会「新潟県地質図説明書（2000年版）」2000年，新潟県，200p.
UNESCO, *Global Geoparks Network*, http://unesdoc.unesco.org/images/ 0015/001500/150007e.pdf, 2008.3.15
鎌木義昌編『日本の考古学Ⅱ　縄文時代』1978年，河出書房出版社，pp.30-285
寺村光晴『佐渡・新潟の考古学』2001年，高志書院，pp.41-78

コラム　　ジオパークにみる自然の二面性（火山災害と温泉）

　2009（平成21）年には糸魚川地域はじめ，洞爺湖有珠山，島原半島が，翌年には山陰海岸が，それぞれ世界ジオパークに登録された。いずれも景観の美しさだけでなく，火山活動等の地殻変動を伴い自然災害にもつながる厳しさをもっている（自然のもつ二面性については，93ページを参照）。

　洞爺湖有珠山地域はカルデラ湖としての洞爺湖や有珠山，昭和新山など火山活動とのかかわりが深いジオパークである。1910（明治43）年，有珠山の噴火活動によって温泉が湧き出し，1917（大正6）年，温泉地として開業された。いっぽう，2000（平成12）年3月の噴火による火山災害の跡が見られる西山火口散策路は，現在，新たな観光地となっている。2008（平成20）年には洞爺湖サミットが開催されたが，ここでは，環境重視の日本を世界にアピールするねらいもあった。

　島原温泉は「温泉集中管理」方式を採用し，すべての温泉が1箇所の源泉から市内のホテル・旅館等に供給されている。1990（平成2）年，雲仙普賢岳は198年ぶりに噴火し，形成された溶岩ドームは「平成新山」と命名された。翌年以降，連続的に押し出される溶岩により，溶岩ドームは巨大になり，現在，ドームの高さは普賢岳山頂（1359ｍ）より高く，標高1483ｍになっている。1992（平成4）年の噴火では，発生した火砕流によって，43名の人が犠牲になった。

　糸魚川地域に限らず，フォッサマグナの範囲内（15ページ図2-2）には，富士山，箱根など，日本でも著名な火山とともに温泉が南北に並ぶ。糸魚川市域に比較的近い場所には，温泉を伴う新潟焼山や妙高山も存在する。しかし，糸魚川北部の温泉には，現在の火山活動の熱源とは無関係のものもある。

　なお，新しく世界ジオパークに登録された山陰海岸も，第四紀の火山など災害との関連が深い景観とともに，指定された範囲には多数の温泉が存在する。

有珠山・西山火口散策路

妙高山

コラム　　　　　　　　ヒスイ峡

　糸魚川には，ヒスイ峡と呼ばれる場所が主に2カ所存在する。青海の上流の橋立，真砂集落付近に位置する橋立ヒスイ峡と明星山付近の小滝川に見られる小滝ヒスイ峡である。

　橋立にある硬玉の転石は，1957（昭和32）年に国指定の天然記念物となった。この地に足を踏み入れると，まるで別世界にきたような神秘的な雰囲気が味わえる。

　周辺に，かつては北陸街道の山周りコースとして集落があったが，今はすむ人もいなくなった。

　ここではラベンダー色のヒスイを見ることができる。ここから流れ出たヒスイが青海海岸にたどり着くために，青海海岸はラベンダービーチという名で親しまれている。

　橋立のヒスイ峡は人が住んでいない山中にあるため，盗掘されることが多い。岩肌を観察すると，刃物で削った痕跡が見られる。危機感をもった住民が，市に強く働きかけ，市は巨大ヒスイを壮大な計画の基に移動した。

国の天然記念物となっている橋立ヒスイ峡

紫色のヒスイが見つかるラベンダービーチ

親不知ピアパーク内　翡翠ふるさと館　橋立ヒスイ峡から世界最大級のヒスイを，特殊車両を使い日本海まで運び，再び特殊車両で展示場所まで運び込んだ。その時の様子を館内の映像で見ることができる。

小滝ヒスイ峡

ヒスイの色合いをもつキツネ石

橋立ヒスイ峡の上流は，青海結晶片岩でできた峡谷になっている。高い圧力によって褶曲した構造が見られる青海結晶片岩の露頭が存在する。

小滝ヒスイ峡では，ヒスイだけでなく，億年単位の古い岩石を転石として見ることができる。

一般的にはこちらの観光客の方が多い。

ヒスイの見分け方とキツネ石

残念ながらヒスイを簡単に見分ける方法はないが，そのコツはまったくないわけではない。地元の人は，何よりもヒスイの質感を重視しているようだ。手に取ったときの，しっとりとした重さ，内面からにじみ出る色合いなど。具体的には次の点があげられる。

① 小さくても角張っている。平面がいくつかあり，平面と平面が接する縁はしっかりしている。
② 平らな面を指でこするとすべすべする。
③ よくみると，石の表面にヒスイの細かい結晶があって，光でキラキラする。
④ 表面がやや透き通る感じ。
⑤ 手にとると重い。
⑥ ライト等で光を当てると，良質なものは光を通す。

それでも，間違えやすい。白色の石英や，緑色凝灰岩，蛇紋岩など，ヒスイと間違えてしまう石を総称して，キツネ石という。だまされてしまうという意味である。

第3章
日本列島をめぐる島の魅力としての佐渡

　佐渡は自然景観，歴史景観の点からもさまざまな魅力にあふれている。現在，佐渡は，主に新潟港と両津港，直江津港（上越市）と小木港を結ぶ，それぞれの航路が存在し，ほかにも寺泊からのルートも利用することができる。ただ，近年，佐渡への観光客が大きく減少している。例えば，1980年代であれば，訪問者数が年間約120万人に達していたにもかかわらず，2006（平成18）年には66万人と減少している。翌2007（平成19）年には中越沖地震の影響もあり，その数は一層厳しい状況になりつつある。

　佐渡にとって，観光は一つの大きな産業である。このような観光客の減少は佐渡全体の衰退にもつながるといえる。さらに観光客が減ることによって，上の直江津・小木港航路の便数が削減されたり，廃止への検討がされたりする。これは，観光客や観光に携わる人だけでなく，島の多くの人たちの生活にもかかわってくる。その不便さから，ますます人々は佐渡から離れ（少なくとも入ってくることは激減する），若い人たちは島から出ていったまま戻ってこなくなるおそれがある。実際，佐渡の人口は年々減少しつつあり，場合によっては2015（平成27）年には5万人を割ることすら予想されている（表3-1）。確かに新潟県の人口そのものが減少し

表3-1　佐渡島および新潟県の人口推移
　　　　総務省「国勢調査報告」（2005）他より

	佐渡島	新潟県
昭和50年	87,504	2,391,938
昭和60年	81,939	2,478,470
平成　7年	74,949	2,488,364
平成12年	72,173	2,475,724
平成17年	67,384	2,431,396
平成27年	62,023	2,326,954
平成37年	54,828	2,156,066

平成27，37年は推定　　　　　　　（単位：人）

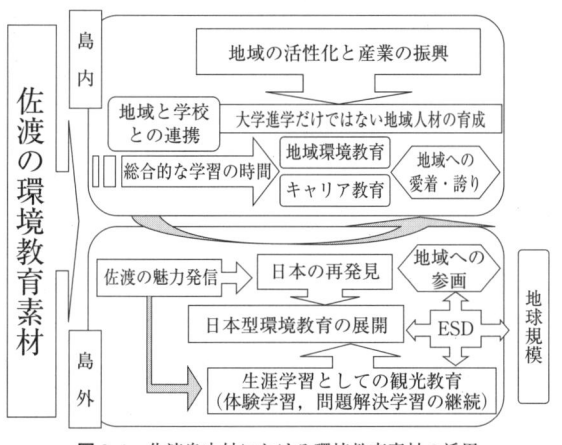

図3-1 佐渡島内外における環境教育素材の活用

ているのも事実であるが、その減少の割合から考えると、佐渡の将来について非常に厳しい状況が推測できる。

　しかし、佐渡は環境教育の観点からとらえても、これからのESDにおける日本のあり方を考えても、重要な教育資源が豊富である。一般的に島はその特有の自然環境から、独自の生活習慣や社会文化が形成されている場合がある。特徴ある自然環境を反映して、生態系そのものなども島内のみに保全されていることが多い。

　佐渡についても例外ではなく、独自の自然環境、社会環境、伝統文化が残されている。これらの魅力や重要性を他地域にも紹介しようと、佐渡の各地域では行政、市民、学校、事業主、NPO等を主体として多様な取組みが始まっている。以上のことをまとめ、図3-1に佐渡の環境教育教材の意義を島内外の観点から示した。

　本章では、そのなかでも、佐渡の代表的な佐渡相川金銀山、トキとトキの森公園、小木海岸・宿根木の港町を取り上げる。まず、佐渡金山の歴史とともに佐渡の注目される歴史がつくられたといっても過言ではない。とくに17世紀以降、鉱山の開発が、島の中に当時としては大都市を形成し、人や物の流れを

つくった。現在，鉱山の位置する相川地域では世界遺産登録に向けての活動が活発である。

また，かつて日本全国に見られた日本産のトキは2003（平成15）年に絶滅した。しかし，中国から贈られたトキは順調に増殖しており，2008（平成20）年秋には放鳥されようとしている。これは生物と人間との関係を考えるよい機会である。

佐渡の地理的特色として，日本海に位置していることがあげられる。そのために，近世において日本海の交易に宿根木の港町が果たした役割は大きい。現在もその港町のたたずまいから，かつての伝統・文化を読み取ることができる。

以上，これらの地域を取り上げるのは，自然と人間，人間と社会とのあり方を考える点でさまざまな示唆を与えてくれることを期待しているからである。観光スポットとしても魅力的な地域であるが，それだけでなく，環境教育やESDの観点からも教育資源としてとらえなおすことを考えたい。

① 世界遺産へ向けての佐渡金山

（1）鉱物資源としての金の産出と人間社会への影響

・地下資源と人間活動

従来から，日本は鉱物資源の産出が少ない国といわれるが，厳密にはこれは正しい言い方ではない。本書でも述べてきたような新第三紀の火山活動の影響もあり，日本列島では，佐渡島の多くの鉱山だけでなく，東北地方を中心とした世界的に有名な黒鉱鉱床なども存在する。逆に狭い国土にもかかわらず，多くの種類の鉱物が産出するということができる。また，その産出も決して少ない量とはいえなかった。

ただ，この国土の広さの割には人口が多く，さらには近代以降，世界的にも例をみないほど工業が著しく発達し，経済活動が発展してきた。そのために，鉱物資源の必要量が多くなり，不足しているだけなのである。

かつて，日本列島には多くの金属鉱山が存在していた。しかし，鉱山は科学技術の進展に伴い開発の規模が大きくなったり，そのスピードが早くなったりすればするほど，そこで採掘される量が多くなり，それがいつか鉱山の閉山や操業の停止へとつながる。今日では日本に存在した鉱山のほとんどが閉山されたか，稼行対象外となっている。

　多くの鉱山が操業を停止してきたが，現在，その歴史的価値が見直され，観光資源としても注目されはじめている。日本各地においても，さまざまな鉱山・炭鉱が整備され，地域の活性化に向けてその活用が期待されている。2007（平成19）年に世界遺産に指定された島根県の石見銀山は，今後の観光化が期待される代表的なものといえる。

　過去から現在まで，おそらく将来的にも金属鉱山から産出される多種類の鉱物のなかで，金は世界的に最重要視される価値をもったものであろう。江戸時代に佐渡から産出された金は約41トン，山ケ野（鹿児島県）からは約14トンと推測されている。世界の近世産金高が年間10トン以下と考えられていることから，江戸時代において，日本は世界でも有数の金の産地であったといえる。

　ただ，これらの金山は17世紀以降開発されたもので，13世紀に日本を黄金の国と紹介したマルコポーロの有名な『東方見聞録』の根拠となるものではない。確かに，『東方見聞録』では日本やアジアについて誇張した記述も多い。しかし，佐渡金山が開発される以前から日本列島には砂金山などが多かったことの表れにはなる。実際その紹介のためにアジアに向けての世界的な大航海時代が始まったといっても過言ではない。

・佐渡金山の発見と人間活動の展開

　佐渡で砂金が存在することは古くから知られ，文献としては，『今昔物語』（1111年）に初めて登場する。そのため，それ以前より採取されていたことは明確である。

　佐渡の多数の金銀山が本格的に注目されるようになったのは，戦国時代，上

杉景勝が佐渡を支配し、鶴子銀山が開発されるようになってからである。豊臣家の家臣であった上杉家が会津に移ったあと、関ヶ原の合戦の翌年1601（慶長6）年に相川の金銀山（本章では、これを佐渡金山と称している）が発見され、開発が始まった。それらの歴史的経緯から、この土地の支配は、豊臣家、そして徳川幕府の直轄地となる。

佐渡金山が開発されるとそれまでの小さな村が、約5万人の人々が生活する大きな町、鉱山都市と化した。17世紀前半の江戸の人口が80万人、大坂の人口が約40万人であることを考えると、当時としては、大都市といっても過言ではない。しかし、江戸時代中期以降になると、この地域の人口はほぼ一定となり、約1万人くらいであったと推定されている。

ただ、人が多く集まると自然環境に与える影響が大きくなり、環境問題が生じるようになるのはいつの時代も同じである。

江戸時代の佐渡にもさまざまな環境問題が生じたと考えられるが、その一つに森林破壊をあげることができる。鉱山の開発には、坑内で用いる多量の坑木や木製の樋、水槽などが不可欠であり、製錬や鍛冶などに木炭を大量に使用したはずである。また、直接、鉱山で使用する木材以外でも、急速な都市の発展に伴って、多くの人たちが生活するためには、その住居、建物用の資材、さらには、当時の人たちの冬季の燃料としての木炭の使用量などが莫大な量となったことが考えられる。とくに、木材が建築・土木材料として重要な時代ではなおさらである。

実際、鉱山の開発が始まって10年ほどあとに、佐渡島内の山林伐採禁止令が出されている。江戸時代は日本各地で、はげ山が進行していたことが報告されているが、このような状況から佐渡はとくにひどかったことが推測される。一般に上流域の山林がはげ山化すると、下流域では洪水の被害を受けることが多くなる。佐渡においても、下流部では何度かの水害の記録が残っている。

佐渡金山は、明治維新後に官有化され、またお雇い外国人ガワー（イギリス鉱山技術者）などによって、欧米の技術を用いた最新の開発が行われた。1889（明治22）年、皇室の財産となったが、1896年（明治29年）には、生野銀山と

ともに三菱合資会社（現三菱マテリアル株式会社）に払い下げられ，これ以後，民営化されることになる。

明治・大正・昭和と採掘が続けられたが，1989（平成元）年に佐渡鉱山の操業は停止された。結局，開発されてから400年近くも稼行されていたことになる。この間の産金量は約78トン，産銀

写真3-1　佐渡金山入り口

量は約2330トン，産銅量は約5500トンに達する。一般的には，金の産出に注目されがちであるが，このように銀や銅の産出量も大きかった。

なお，1962（昭和37年）に三菱金属鉱業株式会社（現三菱マテリアル株式会社）が史跡佐渡金山として観光業を開始した。現在は「株式会社ゴールデン佐渡」によって，坑内の整備等をはじめとした，観光地としての鉱山跡が運営されている（写真3-1）。

・佐渡金山の形成と特徴

近世から近代にかけて，国内外の金銀交換割合が異なったこともあり，日本の金は海外へ多量に流出された。佐渡金山産の多くの金も海外へ流出されたと考えられる。

ところで，佐渡金山の鉱床が形成されたのは，繰り返して述べてきたように，主に新生代新第三紀における火山活動との関係が深い。つまり，当時活発であった火山活動のなかで地下の熱水が上昇し，これに伴って金をはじめとする鉱物が形成されたのである。なお，佐渡金山が形成された時期，古第三紀から新第三紀での位置的状況を考えると，火山活動が開始されたのは，東アジア大陸に存在していた時代である可能性が高い。言い換えると，佐渡金山は日本海成立の目撃者といってもよいだろう。

今から二千数百万年前，日本海が形成されはじめた時代，現在の佐渡周辺でも激しい火山活動（新第三紀中新世のグリーンタフ火山活動）が生じ，安山岩

溶岩や凝灰岩などの火山噴出物が大量に堆積した。この火山活動に伴い，地下深部に熱水が生じ，金や銀などの金属元素を溶融して岩石中の割れ目を通過した。やがて熱水の温度低下や周囲の圧力低下などにより，金や銀が自然金や銀鉱物として石英の中に取り込まれ，含金銀石英脈すなわち金鉱脈を生成した。一般にこのようにしてできた鉱床を熱水鉱脈鉱床と呼ぶ。日本列島では，このようなタイプの鉱床が多い。また，ほかの金鉱山も時代的には新第三紀の火山活動に関係して形成されたものが多い。

　すでに佐渡金山の金産出量を超え，現在も稼働している鹿児島県の菱刈鉱山も同じ熱水鉱脈鉱床である。しかし，時代的には菱刈鉱山の鉱化作用は80〜100万年前の第四紀に生じたと考えられており，佐渡金山よりもずっと新しくなっている。

　佐渡金山の鉱脈は，主に東西方向の割れ目を充填した鉱脈と，それに斜めに交わる北西〜南東，北北西〜南南東方向の割れ目を充填した鉱脈からなる。主要な物としては，9つの鉱脈が数えられ，これらは，南北約600m，東西約3000m，深さ約80mの範囲に存在する。最も大きい鉱脈は縞状・角礫状の青盤脈（長さ2100m，平均脈幅6m，傾斜延長500mの板状を呈する）と呼ばれている。この品位は金6.0g/トン，銀80g/トンと高い。なお，佐渡金山資料館では，これらの金鉱脈を模型で立体的に見ることができる。

　また，道遊脈は平均脈幅が10mにもなり，これらの掘削跡は，現在「道遊の割戸」と呼ばれ，佐渡金山のシンボルとしてのビュー・スポットとなっている（写真3-2）。

　良質の金鉱石は，先述の佐渡金山資料館に展示されている。しかし，実際に見学可能な大立坑の入り口付近の岩石（写真3-3）にも，金を含有していると推測できる部分を見ることができる。金は銀黒と呼ばれる黒い縞模様の中に多く含まれている。銀黒とは，自然金，銀鉱物，

写真3-2　道遊の割戸

その他の硫黄鉱物が濃集して縞状を示す部分の鉱山用語である。この部分は金の品位も高くなっている。

② 日本の伝統としての鉱山文化・鉱山技術

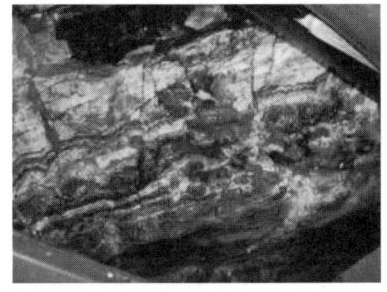

写真3-3　金銀鉱物の含まれた石英脈

・日本の伝統的文化としての鉱山

　一般に科学技術の発達が金属鉱山の開発に貢献するが，逆に金属鉱山の開発が科学技術の発達にも影響を与え，同時に経済社会にも新たな影響を及ぼすことが多い。佐渡金山も例外ではなかった，というよりその典型的な例である。17世紀以降の佐渡の文化の繁栄と日本海側の交易への影響など，新たなこの地域の展開には，佐渡金山の存在が大きかったことは疑う余地がない。

　金の採掘や選鉱にはさまざまな方法がある。佐渡金山では，金を含んだ鉱石をクラッシャー等で粉砕後，重力選鉱を行い，さらにその後，浮遊選鉱にかけられる。浮遊選鉱について簡単に説明する。まず，細かく砕いた鉱石を水に懸濁させ，浮選剤と呼ばれる試薬を添加して，鉱物粒子の表面を処理する。その後，気泡を入れると，鉱物粒子は気泡に付着するので，これを回収して，鉱物分離や精製を行うことができる。

　金が生成・採取される鉱床を分類すると，先に述べたような「熱水鉱脈鉱床」と砂金を採取する「漂砂鉱床」と呼ぶことができるものに大別できる。「漂砂鉱床」では，金の重さによって選別する重力選鉱が行われる。砂金採取は重力選鉱であり，この方法は非常に古く，東北地方などでは古代からこの方法で金は集められてきた。佐渡においても西三川が相川よりも早く金採取が行われていたことからも砂金採取の古さが理解できる。つまり，鉱山で鉱石から採掘されるのと違い，自然に破砕されているので，重力選鉱のみで濃縮，採取することが可能であった。「西三川ゴールドパーク」では体験学習として，後者の鉱床における伝統的な採取方法を体験することができるようになってい

る。そのため，小学生を対象とした体験学習の機会も準備されている。ここでは，体験を通じて佐渡の金を自然と人間とのかかわりから考察することができ，また，科学技術を社会的文脈からとらえていく基礎となることも期待することができる。

　明治以前，日本が近代化される前から，鉱山は各地域に密着した独自の技術によって開発されていた。また，技術は地域や国が鉱山を効率的に運営していくために，いつの時代でも改善への要望が強かった。つまり，徳川政権下においても，明治新政府下にあっても，当時の最先端の技術や科学技術が鉱山に導入されてきた。

　先述のように，川などでの砂金採取はわが国でも古くから取り入れられていた方法である。しかし，坑道を掘削して，鉱石を運搬し，破砕，選鉱，製錬等を行うには体系的な鉱山の整備システムが不可欠である。戦国時代から国内の各地域においても鉱山は重要視され，藩主等を中心に鉱山の運営がなされてきた。それが佐渡金山くらいの規模になると幕府が直轄で行うことになる。その結果，必然的に当時の国内最先端の知識と技術が全国から集められる。つまり当時の土木技術，測量技術，工作技術の最高レベルのものが鉱山開発に用いられ，それなりの技術者が集められたことも想像できる。さらに，鉱山で開発された技術は，新田開発や利水技術に応用されることにもなった。

　1604（慶長9）年に佐渡金山に着任した大久保長安は，佐渡での実績を上げ，1606（慶長11）年には，全国金山総奉行にまで取り立てられることになる。長安の技術は高く評価されたが，鉱山の最大の湧水問題に取り組んだことが大きかった。従来の坑道掘削は，発見した露頭の上部から掘り下げていく方法を用いていたが，排水の困難さを伴っていた。そこで，長安は，鉱脈に対して横穴掘りを用いた。これには高度な測量技術等が必要であった。

　江戸時代において，坑内でどのような採鉱や生活が行われていたかは，現在では，観光客が一般的に訪れる「宗太夫坑」と呼ばれる約280mのコースをとる坑道で見学することができる。ここでは，従来から佐渡金山の観光の主ルートとして，電気じかけの人形などを用いて，坑内での採掘状況や坑道のようす

が再現されている（写真3-4）。

・佐渡金山の近代化と鉱山のもつ今日的意義

本書で繰り返して述べるように明治維新とともに，自然科学や科学技術のさまざまな分野で近代化が進んだ。明治になるとそれらの技術は広く外国へ求め，技術者そのものを国外から招聘することになる。鉱山や炭鉱はその最たる開発先である。

鉱山の開発には，特殊な技術が必要となる。つまり，その鉱山特有の条件に応

写真3-4　復元された江戸時代の坑内

じた科学技術，例えば掘削用，運搬用等の鉱山機械などの製作が不可欠となる。鉱石の破砕や選鉱から，場合によっては精錬なども鉱山付近で対処されねばならない。そのため，鉱山そのものが新たな機械を設計したり，土木技術を開発したりする必要がある。選鉱における化学的な鉱物処理，排水なども備えられ，鉱山内部から周辺にいたるまで，工場化されるといっても過言ではない。加えて，鉱石などの運搬についても港湾を含めた整備がなされなくてはならない。大間港では，明治に建設された倉庫が現存する。

さらには，鉱山で使用する莫大なエネルギー供給のため，発電所なども鉱山周辺に建設される必要がある。1890（明治33）年には新潟県初の水力発電所が佐渡に建設される。また，明治から戦前にかけて火力発電所や水力発電所がいくつか建設され，一部は現存する。

一般的に鉱山の開発には露天掘りと坑内掘りがある。露天掘りは地表もしくはそれに近い部分の鉱石を採掘する方法である。いっぽう，坑内掘りは鉱山の中に坑道を開削していくとともに鉱石を採取するような高い技術が求められるが，当然ながら落盤などの危険を伴うことにもなる。佐渡金山での露天掘りに

よる採掘は，道遊の割戸などに限られており，大部分は坑内掘りである。なお，道遊の割戸のように大規模に垂直方向に掘られたのは，人力が主であった江戸時代よりもむしろ明治以降の近代に入ってからである。1881（明治14）年に日本では初めて削岩機による掘削が行われるようになった。

　世界遺産への登録に向けて佐渡金山そのものもさまざまな観光資源の開発が見られる。その一例として，明治の近代化が佐渡金山に与えた影響も見学できるような新しい観光ルートが開発されつつある。繰り返して述べるように佐渡金山は明治以降，西洋技術を取り入れて大規模に開発されてきた。現在，その明治以降の金山の状況が復元されつつある。さらに当時の鉱山機械などを整備し，展示することによって，鉱山独自の機械化，工場化が理解できるような取組みも見られる。

　それらを近代以降の坑道跡など，現在，見学可能なところを中心に紹介していく。近代以降，一般に鉱山や炭坑では，地下の鉱石を運搬したり，人が作業場に行ったりする場合，斜坑（水平坑道）や竪坑（垂直坑道）が用いられていた。佐渡金山のほぼ中央部に「大立堅坑」と書かれた赤い鉄塔が見られ，これは1875（明治8）年に開削された堅坑である（写真3-5）。堅（立）坑とはケージと呼ばれる鉄の枠組が上下するいわば現代のエレベーターである。このケージの巻き上げの動力も，人力や馬の利用から，蒸気機関を経て，電動機と発達してきた。

　西に下った北沢という場所では，製錬所跡や選鉱場跡が見られる。また，そのすぐ近くには火力発電所を見学することができる。かつての火力発電所は1907（明治40）年に建設されたままのレンガ造りの建物として残っている（写真3-6）。この火力発電所の東隣には1938（昭和13）年に建設時，東洋一の浮遊選鉱場が存在していた。現在でも，その跡が残っている（写真3-7）。

写真3-5　大立堅坑

写真3-6 火力発電所　　　　　写真3-7 建設時東洋一の浮遊選鉱場跡

　北沢を含む相川地域は佐渡金山によって，近代以降も独特の町の雰囲気を築いてきた。その独自の文化や技術は今日でも相川郷土資料館で垣間見ることができる。なお，この郷土資料館は，かつての佐渡金山の本部事務所でもあった御料局佐渡支庁の建物を利用したものである。

（3）地域の活性化に向けての取組み

　佐渡を訪れる人のなかでも佐渡金山への関心は非常に高い。金山は佐渡観光地の重要なキーポイントであることは改めて述べるまでもない。つまり，佐渡金山が位置する相川は佐渡活性化のためにも大きな拠点となる。地域の住民はもとより，相川に位置する小学校，中学校まで，子どもたちと教員，地域が一体となった活性化に向けての努力が見られる。ここでは，それらを簡単に紹介する。

・学校の取組み

　地元の学校で佐渡金山を取り上げることは，地域に対する歴史を学ぶことによって，地域に対する愛着を深めたり，誇りを高めたりすることにもつながる。それは，ただ地域の知識が蓄積されることだけではない。自分自身が地域とのかかわりを認識し，地域にどのように参画すればよいかの意識を芽生えさせるきっかけともなる。つまり，地域の取組みに能動的な人材を育成することにつながる。

例えば，相川小学校では，「総合的な学習の時間」など全校的な教育活動がなされている。ここでは，児童が地域の調べ学習をするにとどまらない。地元の相川に生きた人を知ることによって，自分の生き方を考えることにもなる（写真3-8）。相川中学校においても，「佐渡金山の観光ボランティア活動」や「よさこい佐渡おけさ」の活動を通じて，佐渡の観光活性化に貢献することに取り組んでいる。

写真3-8 相川小学校での取組み例

このような活動において，児童・生徒への指導・支援は主に学校の教員があたっている。しかし，この地域の特色は学校や保護者だけでなく，地域の多くの人が学校の活動にかかわっていることである。つまり，地域での深い知識や技能を地域の人達が直接，小・中学校の子どもたちに伝授しているのであり，このことからも地域の学校への期待の強さをうかがうことができる。

・ESD教材としての鉱山

坑内での掘削に伴う日本の蓄積された伝統的な技術は，日本の多くの鉱山の閉山に伴って衰退化もしくは消滅する懸念もある。ただ，海外では，開発途上国を中心にこれから資源開発の進む地域が存在する。1992（平成4）年のリオ宣言において，資源の開発はその国に委ねられることが明示された。すなわち，この宣言では，鉱物資源をもっている国が開発する権利も有することが改めて確認されたのである。鉱物資源の獲得には今後，簡単に海外から購入するだけでなく，その開発になんらかのかたちでかかわっておく必要が認められる。つまり，日本にとっても鉱山開発の技術はどこかで維持されなくてはならない。

資源開発の最先端である鉱山では，文字通り「持続可能な開発のための教育」が検討されなくてはならない。図3-2で示したように従来，資源を得るた

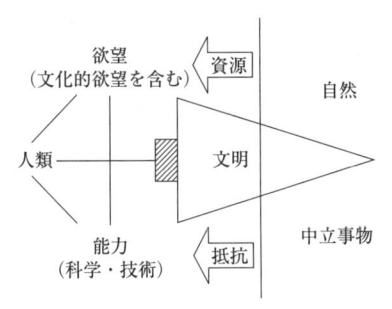

図 3-2 資源と環境を考えた文化論のモデル
（Zimmermann, 1951 に加筆）

めに，人類は中立的存在である自然に文明というくさびを打ち込んできた。科学技術や社会的ニーズが高まれば高まるほど，自然に打ち込むくさびは深くなり，得る資源も大きくなる。それと同時に人類が受ける自然からの抵抗も大きくなってきている。これらを調整するのが，環境教育であり，ESDであると考える。これらは図3-2の斜線部分である。

現在，佐渡金山だけでなく，多くの金属鉱山が観光地として再開発されつつある。これらは，今まで述べてきたような観点からも環境教育資源として非常に貴重なものである。

③ トキが佐渡の空を再び舞う日

（1）生物多様性の保全とトキ

日本に限らないことであるが，一般的に陸から離れた島では，特有の生物が生息することが多い。例えば，ニュージーランドのキーウィやカカポなどいわゆる「飛べない鳥」はその代表的なものであろう。ただ，このような生物は人間との共生とは必ずしもうまくいっていないのか，絶滅に追いやられたり，著しく種が減少したりすることがある。この原因は，環境に与えた影響の大きさを考えると，多くの場合，人間側に責任があるといえる。そのため，各国，各地域のなかで組織的に生物の保存や保全などに積極的に取り組んでいる例が見

られる。

　隔離された地域のなかだけで生息する生物の保全への取組みは環境教育の一つの展開事例といえる。さまざまな環境の変化により，日本国内においても多くの保護されるべき生物が存在する。そのなかでも兵庫県立コウノトリの郷公園（豊岡市）では，コウノトリの野生放鳥に向けて試験放鳥の取組みが始まっている。

　佐渡島の生物の象徴ともいえるのが，ここで紹介するトキである。確かに，かつてトキが生息していたのは，佐渡だけではない。江戸時代ではほぼ日本列島全域に存在していたことが知られている。それが，トキにとっての生息環境の悪化に伴い，日本では佐渡のみに見られ，やがて保護や人工飼育などの努力にもかかわらず，佐渡でも消えていくことになった（写真3-9）。なお，19世紀末まで，トキは日本や中国だけでなく，ロシアから台湾にかけてまで，東アジアに広く生息していたことが知られている。

　周知のとおり日本産のトキは，2003（平成15）年の「キン」の死をもって絶滅した（写真3-10）。現在，佐渡に見られるトキは，中国から送られたものを繁殖させたものである。トキについてここで詳しく述べるまでもないが，簡単に紹介しておく。

　まず，トキの特色として第一にあげられるのは，国際保護鳥ということであろう。トキは「ニッポニア・ニッポン

写真3-9　絶滅したトキの記念碑

写真3-10　トキの剥製

(Nipponia nippon)」という学名で，コウノトリ目，トキ科のなかの一属一種に分類される鳥である。全長約76cm，顔と脚は赤く，頭に細長い冠毛の束をもち，体は淡いピンクを帯びた白色の羽毛でおおわれている。とくに翼の後部にあるこのオレンジがかったピンクの羽の色が「トキ色」と呼ばれ，この美しい羽毛を捕るために多くのトキが乱獲されたともいわれている。

繁殖期には頭から背中にかけて灰色から灰黒色になる。食性としては，山あいの湿地や水田でドジョウ，カエルや昆虫などを捕食する。つまり，動物性の餌を摂る生態系のピラミッドの上位に位置するため，環境の悪化によって大きな影響を受けやすい。

先述したように，かつてトキは日本の各地で見られていた。しかし明治以降，日本中でその数が激減したため，トキ保護への動きが活発になった。トキ保護センターによるトキの保護の歴史について，表3-2に簡単にまとめておく。

トキは1934（昭和9）年に天然記念物，1952（昭和27）年には特別天然記念物に指定され，1960（昭和35）年に東京で開催された第12回国際鳥類保護会議で国際保護鳥に選定された。1967（昭和42）年には，日本で最後の生息地である佐渡にトキ保護センターが開設され，人工飼育まで行われた。

国外でもトキは絶滅したと考えられていたが，中国で1981（昭和56）年にその存在が確認されて以来，保護によって毎年ヒナが増え続け，2004（平成16）年までに，野生のものと飼育されているものを合わせて，約650羽にまで回復した。現在，野生のトキが生息しているのは，中国陝西省洋県のみである。

日本産のトキは絶滅し，中国産のトキが日本においても繁殖されているにもかかわらず，学名では，先述したようにニッポニア・ニッポンとして，日本の名が記されている。これはその登録したときの状況による。つまり中国はじめアジアでトキが知られていたにもかかわらず，日本が先に国際的な学術の登録を行ったことによる。

1999（平成11）年1月には，日中友好推進の一環として中国からトキのつが

表 3-2 トキ保護の歴史

1892年	「狩猟に関する規制」で保護鳥（33種）が定められるがトキは含まれず
1908年	保護鳥にトキが加えられる
1922年	「日本鳥類目録」で学名 Nipponia Nippon が採用される
1926年	「新潟県天産誌」でトキが絶滅したと記載される
1931年	佐渡金沢村（現金井町）で2羽のトキが確認される
1932年	佐渡新穂村等に農林省がトキ捕獲禁止の標柱を立てる
1934年	トキ，天然記念物に指定される
1952年	トキ特別天然記念物に指定される
1953年	4月　上野動物園に移す
	11月　佐渡朱鷺愛護会が設立される
1959年	新穂村，両津市でトキの給餌を開始する
	4月　新穂トキ愛護会が設立される
	5月　佐渡朱鷺愛護会を解消し，佐渡トキ保護会が設立される
1960年	トキ，国際保護鳥に選定される
1965年	9月　トキが「新潟県の鳥」になる
1967年	新穂村清水平にトキ保護センターを建設する
1968年	3月　「キン」が宇治金太郎氏に捕獲され，トキ保護センターで飼育が開始される
1976年	12月　トキ保護対策委員が発足される
1978年	5月　トキの卵3個を採取，上野動物園で人工孵化を試みるが，無精卵と判明される
1981年	1月　野生トキ5羽を一斉捕獲する
1985年	10月　「ホアホア」を中国から借用する（平成元年11月まで）
1990年	3月　「ミドリ」を北京動物園に貸出す（平成4年9月まで）
1993年	2月　種の保存法の国内希少野生動植物に指定される
	11月　新穂村長畝に佐渡トキ保護センターが開設される
1994年	9月　「ロンロン」「フォンフォン」を借入する
1998年	11月　江沢民国家主席がトキのペア贈呈を表明する
1999年	1月30日　「ヤンヤン」「ヨウヨウ」のペアが到着する
2000年	5月　「シンシン」「アイアイ」誕生する
	10月14日　「メイメイ」を中国から「ユウユウ」のペアリング相手として借用する
2003年	10月10日　日本産最後のトキ「キン」が36歳で死亡する

い「ヨウヨウ」，「ヤンヤン」が贈呈された。その後，佐渡トキセンターで毎年ヒナが誕生し，現在100羽を超えるトキが飼育されている。また，2007（平成19）年11月には中国から「ホワヤン」，「イーシュイ」が贈られ，遺伝の劣化を防ぎ，増殖が図られている。

（2）トキの保護の近年の歴史

　トキは日本において，長い歴史をもっている。古くは720年の『日本書紀』にトキ（桃花鳥）の一部が記載されている。これが，日本の文献に登場する最も古い記述である。

　トキは佐渡のトキ保護センターにおいて順調に増殖を続けていることがわか

る。また，2008（平成20）年秋には，野生復帰としての数十羽の自然放鳥が試みられようとしており，この年が「トキ野生復帰元年」となることが期待されている。それに備えて，2006（平成18）年には「野生復帰順化ステーション」が建設され，ここで，野生復帰に向けたトキのトレーニングが実施されている。

現在，東アジアではいつ流行するかわからない鳥インフルエンザの脅威がある。そのため，トキを一カ所に止めておくのは危険であるという考え方もある。実際，そのことを危惧して，新潟県では長岡市，また国内でも島根県などがトキの分散飼育受け入れ地の候補に上がっていた。2007（平成19）年末には，東京都日野市多摩動物園に一部のトキが移された。ただ，ここでは公開されず飼育のみがされている。

当然ながら，人によっては，トキは佐渡に生息することによって意味があるという考えもある。しかし，地域のシンボルとしながら，日本各地にも生息するという環境をつくるのも意義がある。

（3）トキの生息環境の整備

トキの繁殖や保全等については，トキ保護センターはじめ，地元の行政，NPO,市民団体等とさまざまな取組みが見られる。ここでは，学校教育，とくに小学校の取組みや子どもたちの環境学習を取り巻く状況について少し注目したい。

新穂地区に位置する佐渡市立行谷小学校は，かつて校内にトキを飼っていたこともある（写真3-11）。それだけに現在の児童・教職員・保護者（かつての児童も含む）は，再びトキが学校周辺に飛ぶのを強く願っているといえる。ただ，トキが生息するには繰り返して述べるようにその環境を整えなくてはならない。

写真3-11 行谷小学校で飼われていたトキ

そのために学校周辺の里山・水田などがトキにとっても生息環境として，ふさわしくなるように努力がなされている。

例えば，児童自らが周辺の水辺の生き物調査を定期的に行っている。ここでは，学校教員からだけでなく，地域の人たちからも指導・支援を受けている。そこから，トキにとって食べ物が豊富であるかどうか等は復帰の大きな条件となることを子どもたちは活動を通じて理解することになる。かつて，多く生息していたトキが絶滅した大きな原因として，餌の欠乏が考えられる。逆にいえば，上で述べたようなカエルやドジョウ，カニ，小魚などが多数生息する環境，つまり河川や小川，池沼，田んぼなどの水辺環境の整備が重要な意味をもつ。

トキの食性に合った小動物の存在は不可欠であるが，その場合，子どもたちは，トキの餌となる小動物などが食べられることも理解する必要がある。いわゆる食物連鎖のしくみを実感することである。せっかく捕まえたカエルやドジョウがトキに食べられるのをみたとき，子どもたちは複雑な思いになることが考えられる。また，あまりかわいい顔しているとはいえないトキに対して，残酷さを感じることもあるだろう。しかし，このことによって，人間もほかの動物を食べることによって，生きていることを知ることになる。

同時にこの活動を通じて，トキの餌となる小動物にとっての環境，つまりそれらの餌となる植物の存在や，より小さな動物が豊富であること，それらを育む水辺の環境も重要であることが理解できるようになる。小動物にとって，確かに生態系のピラミッドの上位に位置するトキは天敵でもある。しかし，生態系のバランスを保つうえでも食物連鎖は重要であることを学ぶようになる。

ところで，近年，ビオトープということばが国内外でも注目されるようになってきた。ビオトープとは，もともとドイツ語であり，Bio（生き物の）Tope（空間）という意味であり，ドイツのバイエルン州で始まった。国内においては，水域を中心とした生物の生息圏として取り扱われることが多い。最近では，学校ビオトープの創生が注目されるほど，学校の教育活動でも利用される。この場合，一般的には校庭につくられることが多く，とくに小学校におい

ては，「総合的な学習の時間」のなかで環境教育の一環としても活用されることがある。

しかし，「学校のなかにビオトープがある」だけでなく，「ビオトープのなかに学校がある」という考えも重要である。つまり，学校教育のなかでビオトープを活用するとしても，活動は何も学校内だけにとどまるとは限らない。学校周辺の水辺空間をすべてビオトープとして活用することも可能である。具体的には，河川敷や湖のような広さがなくても，小川や池，そして水の有無にかかわらず田んぼもビオトープとなる。

繰り返して述べるようにトキの餌場としてのビオトープでは，その餌となる小動物の生息に配慮しなくてはならない。そのため，地元では，できる限り農薬を使わない有機農法による米づくりにも取り組まれている。この方法で収穫された米は「トキ米」として好評である。

ビオトープのなかでは小さな生態系が存在し，先に述べたように食物連鎖によるピラミッド構造の体系もできている。トキにとって棲みやすい環境は他の動物にとっても棲みやすい環境である。それは，また人間にとっても暮らしやすい環境ともいえる。

小学生も，これらの空間のなかでどのような昆虫や小動物などが存在し，それぞれの生物と生物どうしの役割についての理解を深めることができる。また，学校外をフィールドとした学習には，学校教育への地域の人たちの理解や協力も重要な意味をもっている。

餌場としてのビオトープの整備以外にもトキの生息にもう一つ重要な環境整備がある。それは，ねぐらや営巣となる広葉樹等の森林の存在についてである。そのためには，森林も整備されている必要がある。ただ，森林の手入れとなる間伐や枝打ちはトキのためだけではない。森林は遺伝子資源の宝庫と呼ばれることがあるくらいにさまざまな生物や生態系にとって重要な存在である。

これらの活動に対して，県内外からの人が興味をもった場合，佐渡市トキ交流会館がトキの野生復帰連絡協議会とともに支援を行っている。県外からの訪問者にとっても，トキの保全を知る前に，まず，トキについて学ぶことが必要

である。トキ交流会館で説明を受けることも可能であるが，先の行谷小学校の子どもたちは，ほかの小学校の修学旅行生や観光客に対して，解説ボランティアを行っている。これは，自分たちが学んできた成果を発表する場として，自分たちにとっても有意義な活動であることを児童は体験から学ぶことができる。つまり，ESDでも重視されているように，子どもたちも地域社会に参画することが可能な方法の一つになる。

(4) トキの森公園

県内外はじめ国外からもトキの観察が可能なのは，トキの森公園である（写真3-12）。トキの森公園は新潟県佐渡市にあり，トキ資料展示館と佐渡トキ保護センターを中心としている。この二つについて簡単に説明する。

・佐渡トキ保護センター

佐渡トキ保護センターは，トキの営巣地に近く餌場にもなっていた新穂村清水平に1967（昭和42）年開設された。施設の老朽化に伴い，1993（平成5）年に現在の所在地である同村長畝に移転した。ただ，ここではトキの一般公開はされていない。

当センターには，飼育繁殖ケージ，隔離検疫用ケージ，ヒナを育てるための育雛ケージ，それに管理・研究棟がある。飼育ケージにはビデオカメラが設置されており，鳥の行動や産卵の様子は，モニター画面上で観察されている。今後繁殖が軌道に乗れば，飼育繁殖ケージの増設や新たな飼育施設の整備が必要になることが考えられる。

上の施設以外に，であいの広場，東屋，トキ生態展示模型，多目的飼育ゲージがある。

写真3-12 トキの森公園

・トキ資料展示館

「トキ保護センター」に隣接する施設である。ここでは，これまで保護センターが取り組んできたトキの保護や増殖に関して，映像・パネル・模型・剥製標本等の展示を用いて一般向けに紹介されている。屋外には見学コースが併設されており，トキを直接観察することができる（写真3-13）。野外施設では，トキ（*Nipponia nippon*）のほかにもショウジョウトキ（*Eudicimus ruber*, 主に南米北部に生息），クロトキ（*Threskiornis melanocephalus*, 主に中国，東南アジアに生息）なども観察することができる（写真3-14）。

写真3-13 トキ資料展示館の屋外見学コース

写真3-14 ショウジョウトキとクロトキ

(5) トキに見る環境保全のあり方について

再三述べてきたように，生物の多様性を意図した環境保全は，トキのためにあるだけではない。生態系のピラミッドの頂点はいつも人間である。トキやその餌となる生物にとって生息が不十分な環境は人間にとっても同じである。環境が悪化するときに最初に被害を受けるのは，人間以外の小動物である。このことから小動物の生息に留意を払ったり，保全に努めたりするのはその生物のためだけではないことが理解できる。これは人間の安全性への配慮にもつながる。なお，環境教育の観点では，同じ人間でも，子どもや高齢者など，肉体的な弱者からまず環境悪化の影響を受けることを認識しておく重要性もある。

また，新潟県は渡り鳥の種類やその数も豊富である。トキの野生復帰に対する関心の高まりを多くの渡り鳥に対する保護や保全の意識を高める機会とすることを期待したい。今日，地球温暖化の生態系に及ぼす影響がさまざまなとこ

ろで注目されている。当然ながら，それによって食物連鎖など，その地域に生息する生物に与える影響が大きく，渡り鳥にもかかわってくる。

絶滅のおそれが生じてから，その生物の保全に取り組んでも遅いのである。

④ 港文化と街並み景観

（1）宿根木と日本海航路

歴史的なたたずまいをもった街並みは景観としても保全されることが期待されている。しかし，古都の民家など，住人がいなくなった場合に，NPOなどが行政の依頼や援助を受けて保存や保全活動に取り組んでいるものの，そこには継続性の点で限界が見られる。やはり人が生活している状況で街並みが保存されるのが自然な状態であるが，国内でそのような景観を備えた地域は多くない。ところが，周囲の自然環境と住民の生活とが調和して，保存されている地域が佐渡には見られる。それが，ここで紹介する宿根木集落である。

『佐渡志』によると宿根木集落は，鎌倉期には成立していたと考えられる。宿根木集落の鎮守である「白山神社」は，1304（嘉元2）年に，時宗の名刹である「称光寺」は1349（貞和5）年にそれぞれ創建されている。遊行8世渡船上人は，佐渡布教のため1355（文和4）年に越後直江津から宿根木に着船している。また，宿根木在住の高津性は，頸城郡高津（上越市高津）から，石塚性は，頸城郡石塚（妙高市石塚）から佐渡に渡ったといわれている。

宿根木は，佐渡島においても中世の頃より栄えた古い港町であり，海事貿易を担う町が形成されていたものと思われる。廻船業を営む者が居住した宿根木は，佐渡の富の3分の1を集めたといわれるほどに栄えたのである。

やがて，1614（慶長19）年に，小木港が開かれた。そして，1672（寛文12）年に，川村瑞賢によって西廻り航路が開かれると，小木港がその寄港地となった。小木港が江戸幕府によって整備され，商業の中心が移行し，日本海海運の賑わいが始まったのである。

日本海を帆走する北前船は，北海道のニシン場に荒物などを運び，そこから

海産物や木材などを積み，途中で米を買い入れて，大阪方面へ運んだ。小木港は，その中継地点となったのである。

宿根木の人々は，船主が自ら船頭となって運送と商いを兼ねた買い積み船による交易を行った。交易は，北海道から大阪にまでいたり，さまざまな産物が大量に持ち込まれるようになったのである。また，宿根木には，船大工を初めとする造船技術者が居住するようになった。それにより，廻船業とともに，造船業が発展し，千石船産業の基地として整備され繁栄した。文政年間（1818～1830年）には，船大工の棟梁株3人，弟子28人，船釘等をつくる鍛冶屋3軒，桶屋2軒が記録されている。

(2) 宿根木の街並み

宿根木は，江戸後期に形成された集落形態が今も残る。入江に面した約1ヘクタールという狭い土地に110棟程の建造物が密集しており，船板や船釘を使った外壁や石置木羽葺きの屋根，石畳の路地などが独特な空間をつくり出している。土地が狭いため，主屋や納戸がすべて2階建てであり，路地は1m程の狭い幅である。この街並みは，1990（平成2）年に国の重要伝統的建造物群保存地区に指定されている（写真3-15）。

質素で静かな街並みは，廻船による栄光と衰退の歴史をも感じさせる。当時の廻船主の家や船大工の家，狭い土地に合わせて建てられた三角家，軒下飾り，敷石の中央が磨り減っている世捨小路などからは，文化の積み重ねや生活の工夫のあとがうかがえる。

一般公開されている民家は2軒ある。「清九郎家」は，築200年余りで，廻船主の主屋としての特徴を残す。外観は質素な印象だが，内部はケヤキの柱や一本杉の漆塗り戸，吹き抜けで大きな神棚があるなど豪壮なつくりとなっている。「金子屋」は，築200年余りで，船大工

写真3-15 宿根木の街並

4 港文化と街並み景観　55

写真3-16 軒下飾り

職人の住まいの特徴を残す。船の廃材は，塩水を含むため船板は腐りにくい。それらを腰板に利用した先人の知恵は素晴らしい。三角形の土地に合わせて建てられた「三角家」の角の部分には，船大工の技術が応用されたものである（写真3-16）。

（3）宿根木の自然景観

宿根木の海岸は，コンクリートで護岸されていない自然のままの状態が残っている。隆起岩礁地帯には大小さまざまなポットホールがたくさん見られる。これは，岩石のくぼみなどに小石が入り込み，過流によって小石がくぼみの中を転がり，円形の穴をつくったものである。大きなものは，直径2m以上もあるものもある（写真3-17）。

写真3-17 小木海岸のポットホール

この隆起岩礁地帯には，平坦な波食台が広がる（写真3-18）。これは，1802（享和2）年の小木地震による海岸線の隆起によって陸になった部分である。小木地震は，マグニチュード6.5〜7.0と推定され，宿根木付近では約2mも隆起している。現在は，この海食崖に沿うように遊歩道が整備されている。

また，宿根木港には，1776（安永5）年建立の御影石の船つなぎ石が7基残っているが，海面から随分高い位置にある。これも，小木地震による隆起によるものである。

写真3-18 小木海岸の波食台

(4) 佐渡国小木民俗資料館と千石船展示館

佐渡国小木民俗資料館は，1920（大正9）年に建てられた旧宿根木小学校をそのまま利用した博物館である。

館内には，宿根木集落で使われた昔の生活道具や民俗資料等3万点余りが所狭しと展示されている。そのうち，南佐渡の漁撈用具1293点と船大工道具1034点は国の重要有形民俗資料に指定されている。ほかにも，各地の人形や船箪笥，陶磁器，ランプ，時計，佐渡の伝統工芸品の竹ザル等があり，千石船とともにはぐくまれた地域の生活や文化を伝えている。

写真3-19 復元された白山丸

佐渡国小木民俗資料館に併設の千石船「展示館には，1858（安政5）年に宿根木で造船された「幸栄丸」を実物大に復元した「白山丸」が展示されている（写真3-19）。

千石船の復元は，地元有志による「千石船建造推進委員会」によって進められた。千石船を忠実に復元するために，博物館の54枚の板図（設計図）が実測された。板図から解るのは，船体構造と艤装のみであるため，帆装は船絵馬を基本資料にするとともに，船大工道具，造船文書などが調べられた。

千石船「白山丸」は，全長23.75m，最大幅7.24m，艫高6.61m，帆の大きさ約160畳，積石数512石積（約77トン）である。毎年7月の最終土曜と日曜日の「白山丸祭り」では，館外に引き出され，帆を張った雄大な姿を見ることができる。

(5) 街並み保存と観光資源の有効活用

現在の宿根木集落は，48戸で一人暮らしの高齢者や空き家も多い。しかし，宿根木のよさを残し，集落に暮らす人々が誇りをもって暮らすことができるように，さまざまな取組みが行われている。

毎年，保存民家を修理する作業が続いている。3年前まで屋大工だった佐藤正さんは「土壁の中に竹を組み，小屋組や柱もしっかりした補修民家はあと80年以上もつ」と話す。

　公開民家をギャラリーに活用したり，農家民宿を行ったり，「宿根木体験学習館」の運営を行ったりするなどさまざまな取組みが行われている。

　「宿根木体験学習館」では，蕎麦打ち・たらい舟漕ぎ・竹とんぼ作り・型起こし等の佐渡らしい特色ある活動の体験ができる（写真3-20）。これらの講師は，地域住民が担っている。体験活動は，「総合的な学習の時間」に活用されたり，修学旅行生や観光客が利用したりしている。しかし，地域住民の高齢化による講師の確保が困難となったり，体験活動メニューの独自性がなかったりするなどの問題点もあるという。

　伝統的建造物群と船大工用具，南佐渡の漁労用具，波と地震がつくった豊かな海岸線を生かしたプログラムを開発し，宿根木集落だけでなく小木地域全体の観光振興策として推進されることが期待される。

　なお，宿根木体験館は次に紹介する中学生の観光ボランティアを行う場合の拠点となっている。

(6) 街並み保存と中学生観光ボランティア

　2004（平成16）年度，佐渡市立小木中学校の生徒は，総合的な学習の時間に，地域の貴重な財産である宿根木をテーマに学び，宿根木のよさをホームページで発信したり，冊子「わたしたちの宿根木」を作成して地域住民に配布したりするなど，地域を活性化したいと考えるようになった。そして，夏休み中の土曜日と日曜日限定の「宿根木ボランティア部」が設立され，18人でスタートした。2年次には，全校生徒の3分の1に当たる31人に，3年次は34人に部員が

写真3-20　宿根木体験館

表 3-3 小木中学校の生徒による観光ガイド利用者数

| 平成16年度 || 平成17年度 || 平成18年度 ||
ガイド日	利用者（組数）	ガイド日	利用者（組数）	ガイド日	利用者（組数）
7/24（土）	40名（11組）	7/23（土）	52名（12組）	7/22（土）	213名（24組）
7/25（日）	32名（ 8組）	7/24（日）	74名（18組）	7/23（日）	96名（16組）
7/31（土）	29名（ 7組）	7/30（土）	61名（17組）	7/29（土）	144名（32組）
8/1（日）	55名（12組）	7/31（日）	74名（18組）	7/30（日）	169名（30組）
8/7（土）	35名（12組）	8/6（土）	79名（23組）	8/5（土）	85名（24組）
8/8（日）	47名（13組）	8/7（日）	103名（21組）	8/6（日）	85名（21組）
8/21（土）	59名（19組）	8/20（土）	148名（34組）	8/19（土）	110名（28組）
8/22（日）	84名（31組）	8/21（日）	77名（29組）	8/20（日）	165名（37組）
合　計	381名（113組）	合　計	668名（172組）	合　計	1064名（212組）

増え，活動が継続されている。部員は，宿根木を訪れた人たちに宿根木のことをよく知ってもらおうとポスターやチラシをつくったり，宿根木に住む人たちの思いを取材したりするなどして学習を深め，8日間の観光ガイドを行っている（表3-3）。

観光ボランティアガイドが周知され，利用者は大幅に増えている。この取組みは，地域の活性化につながるとともに，中学生が地域への誇りや自信を高める活動となっている。

参考文献
テム研究所『図説佐渡金山』1995年，ゴールデン佐渡，199p.
国立科学博物館『日本の鉱山文化，絵図が語る暮らしと技術』1996年，195p.
株式会社ゴールデン佐渡『佐渡金山世界遺産申請，近代化遺産を訪ねて』2007年，pp.1-16
志賀美英『鉱物資源論』2003年，九州大学出版会，pp.71-104
・佐藤利夫『新・新潟歴史紀行12　佐渡市』2004年，新潟日報事業社
・佐渡博物館『佐渡島歴史散歩』1998年，河出書房新社
・NPO法人しまみらい振興機構『トキの島からこんにちは』2006年，学校図書

コラム 　　　　　佐渡の海岸美をつくる岩石景観

　佐渡島は本文で述べてきたように、日本海の誕生とともに現れ、いわば日本列島形成の目撃者ともいえる。佐渡の地質は新生代新第三紀の激しい火山活動によって形づくられた岩石が大部分である。つまり国仲平野以外の大佐渡や小佐渡地域の地質は、ほとんど火山岩からなっている。ただ、火山岩が大部分ではあるが、同じ種類の火山岩からできているのではない。

　一般に、火山岩は含まれている成分（二酸化ケイ素）の量によって、流紋岩、安山岩、玄武岩と分けられている。これらは流紋岩のような白っぽい岩石から順に黒っぽい岩石に変わっていく。第3章で紹介した海岸の自然景観をつくっている岩石を簡単に説明したい。

　全体的に佐渡で見られるこれらの岩石はいずれも硬く、そのため、波に侵食されたり、著しい地殻変動を受けたりしても、険しい岸壁や海食洞、海食台の状況を示したまま、その地形が残されることが多い。

　「たらい舟」で有名な矢島経島の小木海岸は主に玄武岩質の岩石からできている。そのため、海岸は黒っぽくなっている。また、この地域の特色として、水中での火山活動による岩石の破砕が見られ、これはハイアロクラスタイトと呼ばれている。このような状態を示す岩石が見られるのは、佐渡でも小木地域だけである。一般的に、東北地方から中部地方の日本海側にはかつての海中での火山活動による溶岩流出によって形づくられた枕状溶岩を観察することができる。糸魚川市や佐渡島でもそのような枕状溶岩が見られるが、とくに小木半島には典型的な形態が観察される。

　さらに、宿根木遊歩道沿いの海岸では、平坦な玄武岩〜安山岩からなる地形が広がっている。ここは、近世まで海底であった地形が、小木地震のときに約

矢島経島周辺の小木海岸

宿根木遊歩道の景観

尖閣湾の岩石景観と流紋岩

海岸を構成する流紋岩

2m隆起して，現在見られる形となった。比較的最近まで海底であったことは，海食台上に存在する海岸のポットホールと呼ばれる窪みからも推定できる（本文参照）。

小木海岸の黒っぽい岩石とは逆に，流紋岩質の岩石からできている佐渡島西側の海岸や北西側の尖閣湾の岸壁等では，白っぽい岩石が目立つ。尖閣湾の海岸を構成する流紋岩の岩石名の由来はこのような流れ文様による。地殻変動の著しい時期，佐渡そのものが隆起によって形成された。なお，佐渡周辺の急激な隆起を伴う地殻変動は第四紀（約160万年前〜）と呼ばれる最近の時代にも見られ，尖閣湾周辺ではこれによって海岸段丘がつくられている。

尖閣湾とおなじ外海府海岸にあり，尖閣湾より少し北側の平根崎では，石灰質砂礫岩からなる堆積岩の海岸が存在する。佐渡では，堆積岩からなる海岸はあまり多くない。また，ここでもポットホ

七浦海岸

ールを観察することができる。いっぽう，日本海を東側に望む内海府海岸の岩石は，石英安山岩からなっている。

七浦海岸で見られる白っぽい海岸地形も流紋岩質の岩石と関連している。ここでは石英安山岩〜流紋岩質の火砕岩など多くの岩石を見ることができる。

このように岩石海岸の特色は，それをつくっている岩石の違いを反映したものであり，また地殻変動が景観の形成に大きくかかわっている。

第4章
新潟県中越地域の自然環境と人間活動

① 信濃川火焔街道と博学連携プロジェクト

(1) 縄文時代とは

　遺跡から出土した炭化材や土器に付着した炭化物の測定（AMS14C年代測定）による探究が進み，近年整備された較正年代によれば，今から1万5600年前頃の氷河時代晩期（更新世末）にすでに土器がつくられ，使用されており，土器がうまれた環境は氷河時代の終わりであることが判明した。その土器の使用による多くの社会的効果を歴史学的に評価し，土器の生成を指標として縄文時代の幕開けとされている。また，縄文時代の終わりは今からおよそ2900年前とされており，縄文時代は約1万年も継続した狩猟採集活動を中心とした時代であった。

　考古学では，縄文時代を古い年代から，草創期・早期・前期・中期・後期・晩期の6時期に区分している。これからたびたび登場する火焔型土器は，縄文時代中期の中頃につくられた特殊な土器である。

(2) 縄文時代の環境（気候と地域・住居）

　縄文時代草創期初頭は，氷河時代の終わりにあたり，まだまだ寒冷な気候であった。その後，草創期前半にはやや温暖化を始めるが，草創期後半には寒冷期と温暖期が交互に入れ替わる不安定な気候が続いた。しかし，早期初頭になると安定した温暖化が進行し，前期の中頃が温暖化のピークにあたる。そのこ

ろには，千葉県館山付近に珊瑚が育成し，現在の奄美大島の環境が広がっていたとされる。その頃のことを温暖化に伴い海水が上昇することで内陸平野部まで海水域や汽水域が広がることから「縄文海進」と呼んでいる。

　火焔型土器がつくられていたおよそ5300年前（中期の中頃）は，現在の気候に近く，新潟県信濃川沿岸には雪も降り，多雪地帯を形成していたと考えられている。この温暖な気候は，後期に向けて寒冷化し，晩期になると現在の気候に近くなったと考えられている。このように，縄文時代が営まれた1万年間には，何度かの気候の変動が起きていた。火焔型土器をつくり上げた縄文人が体験した気候環境に一番近い環境が，100年前の新潟県の気候環境であったといえる。

　火焔型土器がつくられた縄文中期中頃に営まれた拠点的な村は，ある一定の領域を確保しながら河川に近接する段丘などの平坦面に営まれている。典型的な拠点集落である馬高遺跡（新潟県長岡市）などの調査事例から，広場を囲み住居が放射状に分布する形態をとっていたことが判明されている。このような形態を示す村を「環状集落」と呼び，環状集落の広場には墓穴と推定される浅い楕円形の土坑が分布することが多い。

　住居には長方形の形の家屋と楕円形の家屋があり，これらの二形態の住居は分布を異にして併存している。家の上屋構造については不明であるが，近年，萱葺き住居ではなく土葺き住居であった可能性も検討されている。

(3) 火焔型土器（火焔土器）

　「火焔型土器」とは，新潟県長岡市の馬高遺跡から出土した一つの土器だけに付けられた愛称である。これは，1936（昭和11）年12月31日に近藤篤三郎氏によって発見され復元された土器で，その燃え上がる焔に似ていたことからこの名称が生まれた。その後，鶏冠状把手や鋸歯状突起など「火焔土器」と似た特徴をもつ土器が発見されるようなり，「火焔型土器」という用語も広く使われるようになった。また，最近では「馬高式土器」と呼んだり「火炎土器様式」，「火炎土器」という用語も使われたりしている。これらの用語は研究者に

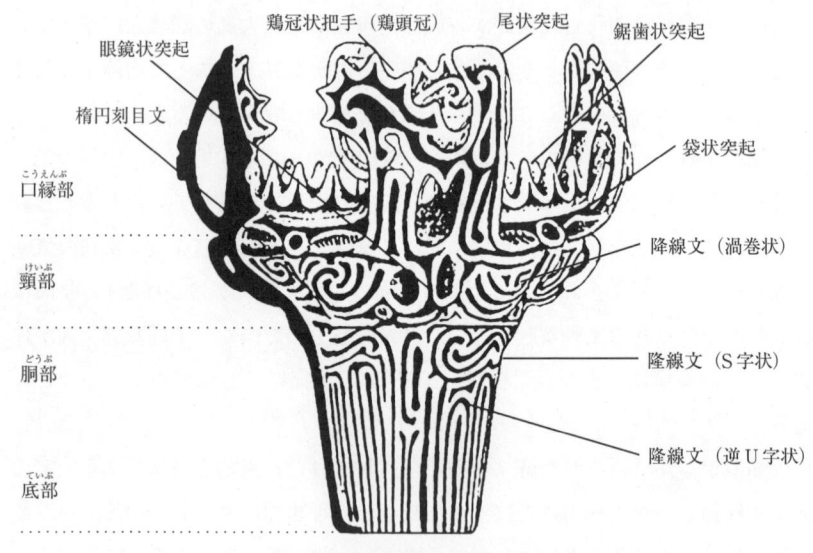

図4-1 火焰型土器の部位の名称
（小熊2003）

よって使い分けられ，統一されずに使用されているのが現状である。

　火焔型土器の最大の特徴は，口縁部に付く鶏冠状把手と鋸歯状突起，そして原則として縄文を使用せず，隆線文と沈線文によって施された浮彫的な文様である。これらの文様により，頸部と胴部上半部にはS字状隆線文および渦巻状隆線文，胴部下半部には逆U字状隆線文が描かれている。そのほか，鶏冠状把手の間には袋状突起，鶏冠状把手の下には眼鏡状突起が付けられている（図4-1）。火焔型土器には，深鉢形土器と鉢形土器があるが，深鉢形土器がほとんどを占めている。鉢形土器はまれであり，出現期のものに見られる。

　火焔型土器は縄文時代中期の中頃（約4500年前）に出現し，そして最盛期をむかえたあと，中期の終わり頃の土器にはほとんど影響を与えずに，突然姿を消してしまうという短命な土器である。この消滅の様相については，まだ解明されていない。

　火焔型土器は，貯蔵穴や住居跡などから出土しているが，特殊な状態で出土した例はまだ報告されていない。また，内面に炭化物（おこげ）が付着した例

が多く見られることから、煮炊きに使われていた土器であることは間違いない。しかし、日常的に使われるものではなく祭事などの特別な時に使われた土器であると推定されている。

　火焰型土器は、東日本の200を超える遺跡で確認されており、その遺跡のほとんどが新潟県内に分布している。山形

写真4-1　国宝火焰型土器（笹山遺跡）

県、福島県、群馬県、栃木県、富山県など周辺地域にも見られるが、それらは新潟県内のものに比べ器形・文様ともかなり変形したものとなっている。典型的な火焰型土器は、新潟県内に分布が限られ、なかでも最盛期の火焰型土器は中魚沼郡津南町から長岡市にかけての信濃川上・中流域で集中的に出土している。1999（平成11）年6月7日、十日町市笹山遺跡から出土した火焰型土器（写真4-1）を含む928点が国宝に指定された。新潟県にとって初の国宝誕生で、縄文土器では国内初の国宝となる。また、津南町の道尻手遺跡からは器高60.7cm、口径36.5cmの日本最大の火焰型土器が出土している。このように新潟県中越地域の信濃川流域は火焰型土器が栄えた考古学的に貴重な地域なのである。

（4）博学連携と信濃川火焰街道博学連携プロジェクト

　博学連携とは博物館と学校が望ましいかたちで連携・協力を図りながら、子どもたちの教育を進めていくねらいをもつものである。そのスタイルはさまざまであるが、博物館から学芸員が学校に出向いて授業を行う出前授業や、テレビ会議システムを利用しながら、博物館から情報を発信して行う遠隔授業などは、その代表とされる。

　この信濃川火焰街道博学連携プロジェクトは、一般的な博学連携とは異なるいくつかの特徴をもつ。一般的な博学連携は、そのほとんどが博物館側からのアプローチによるものである。また、博物館と学校が1対1で連携する場合と

博物館とその地域のいくつかの学校がそれぞれ連携する場合がほとんどである。そして，その活動内容は博物館がすでにもち得ているプログラムを学校の指導計画のなかに当てはめていく形式が多い。しかし，信濃川火焔街道博学連携プロジェクトは，博物館側からのアプローチでも文部科学省や教育委員会などの政策的なアプローチでもない，子どもたちの学びの過程から発生した，子ども側（学校側）からのアプローチによるものである。また，信濃川流域の複数の博物館と多地域の複数の学校が互いに連携しあう，博学連携ネットワークを構成している点において特徴がある。さらに，その活動内容は，学芸員と教員が話し合いながら，活動計画を練り上げていく形式をとっている。この博学連携プロジェクトは全国的にも類を見ない博学連携の姿といえる。

(5) 博学連携から博学連携プロジェクトへ

2000（平成12）年，地域の価値ある学習資源を縄文時代の遺跡遺物を含む文化財やそれを収蔵・展示する博物館などの施設，学芸員をはじめとする専門的な知識を有する人材ととらえ，「縄文」をテーマに総合的な学習の時間（以下，総合学習）のカリキュラム開発に取り組んだ。十日町市博物館と連携し，学習活動を展開した。しかし，子どもたちは地元の博物館から得た知識やイメージに囚われ，信濃川流域で栄えた縄文文化の広がりに目を向けたり，他地域と比較しながら自分の地域の縄文文化を客観的にとらえたりすることはできなかった。このような状況を打開する手だてとして自分の地域での子どもの学びと他地域の学校の子どもとの交流やネットワークづくりを広げていくことで自らの文化を客観化していく視点を獲得していく場や機会をもつことが必要であると考えた。信濃川流域共通に広がる縄文文化と日本有数の火焔型土器分布地域を博学連携のネットワークでつなぐ。「信濃川火焔街道博学連携プロジェクト」の構想はこうして生まれた。

ちょうどその頃，2002（平成14）年8月に長岡市，十日町市，中里村，津南町で信濃川火焔街道連携協議会を設立。その趣旨は「火焔土器に代表される縄文をキーワードに，信濃川中流域の市町村と交流・連携をはかり，地域振興及

び広域観光を推進することを目的とし，各市町村の遺跡や展示施設を拠点にしたハード・ソフト両面での有機的な連携により，地域内外へ，積極的に情報発信すること。また，火焔土器にとどまらず，共通の自然・文化による広域的な連携・交流を視野に入れ，官民で幅広く取り組むこととする。」とある。

信濃川火焔街道連携協議会という流域市町村のつながりを活用し，信濃川中流域の学校と博物館が互いに連携し「縄文」をテーマに学習活動を展開すれば，各地域の保有する遺跡や博物館などの施設，学芸員や教員などの人材を市町村の枠を越えて共同で利用することが可能となり，効果的な指導法や最新の研究成果などのさまざまな情報を共有することができるようになると考えたのである。そこで，信濃川中流域の市町村にそれぞれ博学連携のつながりをつくり，それらを結びつけていく広域の博学連携交流ネットワークを構想した（図4-2）。これを「信濃川火焔街道博学連携プロジェクト」と名づけ，2002（平成14）年にプロジェクトの組織づくりを行った（表4-1）。

プロジェクト組織の編成にあたっては，「縄文・火焔街道を通しての連携実

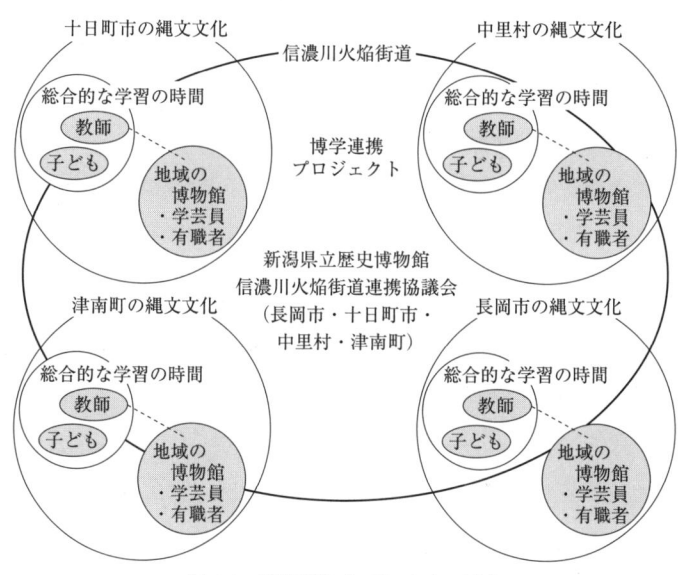

図4-2 博学連携プロジェクトの図式

① 信濃川火焔街道と博学連携プロジェクト

表4-1 博学連携プロジェクト構成機関と活動内容

	連携機関	活動内容
博物館及び学芸員	新潟県立歴史博物館 長岡市立科学博物館 十日町市博物館 中里村生涯学習課 津南町生涯学習課	担当教諭と連携し学習計画を立案する 地域の遺跡や文化財の説明 体験活動のコーディネイト 交流学習のアシスト 調べ学習等のサポート
小学校	長岡市立関原小学校 十日町市立下条小学校 中里村立貝野小学校 津南町立津南小学校	担当学芸員との学習計画を立案する 総合的な学習の指導 子どもたちの見取りと評価
コーディネーター	新潟県立歴史博物館研究員 十日町市立下条小学校教諭	連携実践の企画運営 関係機関との連携調整 各地区の学習活動のファシリテート 実践の評価と反省
資金源	信濃川火焔街道連携協議会	活動資金の提供
研究協力	國學院大學小林教授 上越教育大学藤岡教授	プロジェクトへの指導助言 集合学習における子どもたちの指導

践企画書」を制作し，各機関に連携を要請してまわった。そのなかに盛り込んだ活動の視点は以下の3点である。

①文化財を活用した学習カリキュラムづくりを通して，新しい博学連携のあり方を提案する。

②学芸員と教員でつくるネットワークを活用して，交流学習の機会や学びのフィールドを提供する。

③信濃川流域文化の研究を通じて，地域間連携の絆を深める。

また，実践の効果として期待できる視点を，「子どもたちの学びの視点」と「学習支援者の資質向上に与える効果の視点」の2点をあげ以下に図示する。「子どもたちの学びの視点」（図4-3）では，プロジェクトによる学びの獲得が郷土の理解や愛情の深まりにつながり，自己の生き方に生かされていくことを

- 縄文文化を共通テーマとして学びを交流する。
- 縄文文化が信濃川中流域に広がる一大文化圏であったことを知る。
- 多くの資料や専門的知識に触れる，豊かな学習活動を展開する。
- 人との出会い，多くの感動を得る。
- 自らの学びから，自己の生き方を考える。

→ 縄文文化を郷土の誇れる文化としてとらえ，過去と現在をつなげて，未来の自分の生き方や社会に対して主張できるようになる。

図4-3 子どもたちの学びの視点

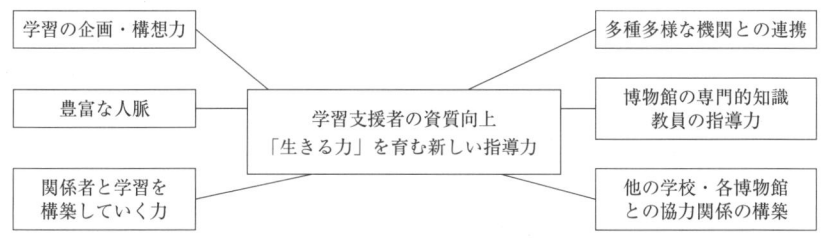

```
学習の企画・構想力                    多種多様な機関との連携

豊富な人脈         学習支援者の資質向上      博物館の専門的知識
                「生きる力」を育む新しい指導力    教員の指導力

関係者と学習を                       他の学校・各博物館
構築していく力                        との協力関係の構築
```

図4-4 学習支援者の資質向上に与える効果の視点

表した。

「学習支援者の資質向上に与える効果の視点」（図4-4）では，教員と学芸員を共に学習支援者ととらえ，プロジェクトによって獲得されることが期待できる力を表し，学習支援者の指導力や資質の向上につながることを図示した。

(6) 信濃川火焔街道博学連携プロジェクトの活動

プロジェクトでは，連携各校のカリキュラムを最大限に尊重し，博物館と学校との連携や地域間の交流をコーディネイトしている。4月初旬には担当者会議を開き，各校の教員と担当学芸員が話し合いながら地域や学校の実態に合わせて年間の指導計画を構想していく。プロジェクトの1年間の学習活動を「追求課題設定期」，「共有体験活動期」，「交流学習と情報発信活動期」の三つに大別することができる。「追究課題設定期」は，博物館の見学活動（写真4-2）や学芸員による出前授業等によって自己の追求課題を明確にしていく時期であ

写真4-2 博物館見学　　　　　写真4-3 竪穴式住居づくり

り,「共有体験活動期」には,学芸員や学習ボランティアらと連携して,さまざまな体験活動が展開される。竪穴式住居の復元(写真4-3),地域の公民館と連携した土器づくり(写真4-4),地域の遺跡を調査する発掘体験(写真4-5),アンギン編みで縄文の衣服づくり(写真4-6),石鏃・弓矢づくり,火起

写真4-4 土器づくり

写真4-5 発掘体験

写真4-6 アンギン編み体験

写真4-7 魞(えり)づくり漁労体験

写真4-8 ジオラマ

写真4-9 ミュージカル「火焔」

こし体験，魞（えり）による漁労体験（写真4-7），ジオラマづくり（写真4-8）等，さまざまな体験活動が実践されている。このようにプロジェクトに参加する学校は，それぞれ学芸員と教員が連携しあい，学校独自の学習活動を展開していくのである。注目すべき点は，これらの体験活動を元にしてさまざまな形で学習を発展させていくことにある。例えば学年レベルでは「火焔」という創作ミュージカル（写真4-9）に発展し，個人レベルでは火焔型土器の特徴をとらえタペストリーに発展させた。さまざまな体験活動は体験だけに留まらず，時には学年などの集団として，時には個人として応用され，新たなアイディアへと進化していくのである

さらに，各校での活動をプロジェクトとして結びつけ，互いに刺激しあい，高めあう時期が「交流学習と情報発信活動期」となる。信濃川中流域に広がる連携各校が集まって繰り広げる「交流学習会」「子ども縄文研究展」「縄文子どもフォーラム」の活動内容について以下に記し，学習支援者や子どもの意識の高まりについても考察を加える。

・交流学習

交流学習はプロジェクトに参加する子どもたちが初めて顔を合わせる機会として，毎年6月下旬に実施している。全体会では，学校紹介や今まで学校で取り組んだ追究活動について，各校が工夫を凝らして発表しあう。また，グループ活動では，各個人の研究の状況や悩みなどについて意見を交換しあう。さらに，開催地の博物館や遺跡などを学芸員の案内で見学している。

2003（平成15）年度は，発掘中の馬高遺跡に入り，発掘作業や柱穴の様子を体験的に学習した（写真4-10）。2006（平成18）年度は女子美術大学の眞田岳彦氏から，大地の芸術祭で十日町市博物館前に展示するアート作品の共同制作を依頼

写真4-10 馬高遺跡見学

された。「越後の布」プロジェクトと題して行われた制作活動では，眞田氏の指導のもと，子どもたちが，25年先の自分に贈る言葉や夢を奉納幡にデザインした。完成した幡は交流学習会でそれぞれが発表した。

馬高遺跡での体験学習や大地の芸術祭への参加など，特定の地域で行われた調査や催しを，連携地区全体の学習材として活用できたことは，プロジェクトが文化財や人材の活用範囲を広げ，価値ある体験学習へと結びつけたといえる。また，交流会の反省に「他校の取組みを知ることができ刺激になった。」「追求の視点や目標をもつことができた。」「他地域にも縄文文化があることに気づくことができた。」などの内容が毎年見られることから，他地域の子どもたちとの交流が刺激や意欲となり，縄文文化を意欲的にとらえようとする視点や自己目標の獲得につながっていると考えられる。

教員や学芸員からは以下のような感想が寄せられている。

> この計画について始めは外部との連絡や打ち合わせが大変だなと思いました。でも，子どもの成長や学びのきっかけになればと頑張ってきました。どちらかといえば義務感みたいなものだったのかもしれません。しかし，少しずつ活動が進むうちに自分自身が博学連携プロジェクトのみなさんと同じ目的をもって活動してるんだなという充実感や責任感を感じるようになりました。私にとって大きな収穫になりそうです。
> (貝野小：教員)

> 文化財の仕事はただ調査や収集することだけと考えられているが，いかに地域に教育普及し還元するかが大事で，その1つとして地域に住む子どもたちにどのようにして学んでもらうかが問題であった。今回は担当する小学校との学習しかできていないが，市内全体での普及が目標である。子どもたちとも仲良くなれたことは非常によかった。全体的に全ての活動が自分の仕事にプラスになったと感じられる。
> (十日町市：学芸員)

このように，交流会によって教員や学芸員の連携の意識が高まっている。この意識の高まりは，職種を越えて互いを尊重し合う意識に発展していく。プロジェクトを複数年経験した学芸員と教員は，子どもたちの学びのとらえや連携に対する考え方が次第に一致してくることがわかってきている。

・子ども縄文研究展

　連携各校の学習成果や子どもたちの作品を一堂に展示し，広く一般に公開している。2003（平成15）年度当初は十日町市博物館での展示を計画していたが，プロジェクトの活動が軌道に乗ると，県立歴史博物館からも会場提供の申し入れがあり，両館で時期をずらして開催することとした。さらに，平成16年度からは津南町農と縄文の体験実習館でも開催できることとなり，信濃川上流から下流に向かって3館を巡回する大がかりな展覧会に成長した。入場はすべての館において無料とし，多くの地域住民や学校が見学に訪れている。現在では，各博物館の年間計画に開催が位置づけられている。また，新聞やテレビ，博物館関係の雑誌等に取り上げられるようになり，徐々に知名度が高まっている。この展覧会は，子どもたちの学習成果を発表する場として有効であると同時に学校の説明責任を果たす機会にもなっている。また，博物館側からも普及活動の発信と博物館の有効利用に活用され，入館者の獲得につながっている。このように，子どもたちの学習に多地域の博物館が共同利用され，学校と博物館の両者に効果をもたらしている。

・縄文子どもフォーラム

　プロジェクトの集大成として位置づけ，毎年11月中旬に実施している。各校は，ある種のライバル意識をいだきながらも，フォーラムを目標に学習の成果をまとめ，発表練習や作品の準備を整える。当日の活動内容は「パネルディスカッション」「ポスターセッション」「博物館・遺跡見学」の三つを柱に構成している。

　パネルディスカッションでは，各学校の代表者が，「縄文」をテーマに学んできたことを自分のメッセージとして発表しあう。参加者全員で意見を交換しあいながら考えを深めていく（写真4-11）。

写真4-11　パネルディスカッション

教員や各地区の学芸員に加えて，國學院大学教授の小林達雄氏や上越教育大学教授の藤岡達也氏も参加し，考古学や教育学の立場から子どもたちを指導している。

ポスターセッションでは，各自の研究成果を発表しあう（写真4-12）。子どもたちの発表には，火起こしの実演や土器の文様を拓本に写し取るワークショップなど，体験的な発表を盛り込む工夫も見られる。説明を受ける側はメモをとりながら聞き，発表者に質問をしたり互いの苦労を紹介しあったりする姿が見られている。また，教員や学芸員，大学教授らも参加し，子どもたちへの助言や励ましを行っている。5年目を迎える実践のなかで，中越地震や市町村合併などさまざまな状況を経験しながらも，フォーラムを継続することができている。中越地震直後に行われたフォーラムの感想を新潟県立歴史博物館学芸員は以下のように記している。

写真4-12　ポスターセッション

　平成16年10月23日夕刻，新潟県中越地方を最大震度7の地震が襲った。各地に被害が及んだ中で，この火焔街道にあたる地域は特に甚大な被災地となった。連携地域を結ぶ道路は寸断し，博物館や学校も大きな被害を受けた。一時休館・休校の状態に追い込まれたのである。発生直後は，子どもフォーラムはもちろん，学習展覧会の実施についても中止せざるを得ないのか？との思いが頭を駆け巡った。しかし，震災で全てを断念してしまっては，子どもたちが今まで組み立ててきた学習の成果までも崩れてしまうのでは，と思い悩んだ。そんな時，津南小がフォーラムの実施を望む声を上げた。すぐに参加希望校を募ったところ，貝野小と中条小が参加の意志を掲げ，3校でフォーラムを開催することとなったのである。被災により参加できない学校があったことは残念ではあったが，子どもフォーラムの実施にこぎつけたことは，何かに救われたような思いであった。（中略）子どもたちに感想を求めると，やはり力強いメッセージを聞くことができた。中越地震なんかに負けないぞ！というメッセージもあった。こんな時だからこそ，参加した子どもたちは1つにまとまれたような気がするのも確かである（それは関わった学芸員や先生が一様に言っていたことであった）。
　とにかく楽しく，子どもたちの明るい声にパワーをもらった一日であった。その

> ため最後の挨拶では「とにかくうれしくて，楽しくてしょうがなかった，みんなありがとう。」そんな気持ちを子どもたちに素直に返して終わりとしたのであった。この縄文子どもフォーラムは子どもたちのためにあると共に，我々大人たちのためにもある，と思ったのだった。
> 　　　　　　　　　　　　　　　　　　（新潟県立歴史博物館：学芸員）

　この記述からもわかるように，フォーラムの開催を通してプロジェクト関係者の絆が強くなり，教員や学芸員の立場を越えて，子どもたちへの支援に対する意識が高まっていった。学芸員と教員が単なる連携の枠組みを越え，プロジェクトとして一つになった場面，いわゆる「博学融合」の場面ととらえることができる。

(7) プロジェクトの成果と課題

　実践開始以来継続して，プロジェクトに参加したすべての子どもたちに対して，事前と事後の2回アンケート調査を実施し，結果の分析を行っている。それぞれの年度において多少のばらつきは見られるが，毎年ほぼ同様の成果が見られている。その成果を分類整理すると以下の4点に集約することができる。

（ア）他地域の縄文文化にも目を向けながら学びを深めることができた。
（イ）自己の学びの達成感や成就感を高め，自己の生き方へ思考を展開させることができた。
（ウ）地域の歴史や文化への興味関心を持続させ，愛情や誇りをはぐくむことができた。
（エ）博物館への興味関心を持続させ，博物館利用や展示への意識を高めることができた。

　プロジェクトの学習効果を子どもたちの具体的な姿として示すため，子どもたちが追究活動のまとめとして書いた作文のなかから，年度や地域の異なる子どもの作文を抽出し，以下に示す。

> 　（前略）私はこの学習を通して，今の時代の人々も縄文人の心を見習い，平和で豊かな世界をつくっていくべきだと改めて感じた。毎日のように人々の命がなくなっていく世界より，1つの命でも大切にする，そして，全ての人が幸せになれる，そん

な世界の方がよいであろう。もしこのまま時間が過ぎていけば人が人を信じない，そんな未来が来るであろう。大事なのはそうなる前に縄文人の心を取り戻すことである。もしかしたら「縄文人など豊かではない。人々も仲など良くなかったのだ！」と私と正反対の考えをもっている人がいるのかもしれない。だが，私は信じているのだ。縄文時代は絶対に今よりも平和だったと。心は豊かであったと。本当の姿がどんなであっても，私は信じているのだ。これからも信じて生きていくのだ。それは，いつか私が想像する縄文時代が来ることを心から願っているからである。（後略）

（平成15年度　津南小学校：Y子）

　縄文時代の人たちは生きるために知恵を出し合って，教え合ってやってきたと思います。私は，クラスのみんなと竪穴住居をつくってみてこのように感じました。（中略）縄文時代の生活は何でも自分たちでつくり出さなければならず，とても大変だったと思います。それでも，きっと楽しかったと思います。なぜなら，私たちもとても楽しく住居づくりを進めることができたからです。苦労はたくさんありましたが，だんだんと家の形になっていくとうれしくてうれしくて，つくるのが楽しくなっていきました。きっと縄文時代の人も自分にあった仕事をして，助け合い楽しく生活していたのではないかと思います。人間はお互いに助け合いをしてきたから縄文時代から今まで時代がつながったんだと思います。考えることの大切さ，人と助け合うことの大切さを縄文人に教えてもらったような気がしました。

（平成16年度　貝野小学校：A子）

　（前略）ぼくは，始め現代の生活の方が絶対によいと考えていました。しかし，この学習を通して縄文時代の生活に魅力を感じるようになりました。当然，現代の生活を全て投げ捨てて，縄文時代の生活をすることはできません。しかし，様々な発明と工夫で生活を切り開いてきた縄文人の生き方に感動したのです。
　ぼくは，つらいことや苦しいことから逃げたりすることが何度かありました。でも，縄文人のあきらめない心が生活を支えてきたことに気付き，少しずつ気持ちが変わっていきました。そして，この学習のまとめとして次の2つのことを決意しました。自分の生活に必要なことは，つらいことでも立ち向かいあきらめずにやりとげること。自然環境を守るために自分にできることは，めんどうなことでも実行すること。この2つのことを，縄文人にちかいたいと思います。

（平成17年度　下条小学校：K男）

　これらの作文からもわかるように，子どもたちは自己の学びの達成感や成就感を高め，自己の生き方へ思考を展開させている。子どもたちの作文からキーワードを抽出すると，「自然環境保護と科学の共存」「共生や協力・社会環境の改善」「家族愛・郷土愛など心の豊かさ」「その他」に整理することがきた。こ

のキーワードは,それぞれの年度のすべての学校に共通している。さらに,体験から得た学びを自らの生き方に生かそうとする視点や他者への発信を意識している点などの共通点を見いだすことができた。これは,「縄文」を共通のテーマに,さまざまな地域の子どもたちが互いの縄文文化を交流しあいながら,各自の課題を追求してきた結果の現れであり,子どもの学びを核とした博学連携交流ネットワークが継続して機能していることを物語っている。

また,これらの効果が持続されるかどうかについて,プロジェクトに参加した子どもたちへの追跡調査を行った。調査には中学校の1年生から3年生に彼らが実践当時に行った事後アンケートと同じアンケートを実施し,それぞれの結果を比較した。分析にあたっては,経過した年ごとに小学生当時の結果と現在の結果を比較した。その結果,博物館への興味関心や地域の歴史や文化への興味関心は年月が経過するとともに失われていく傾向にあることがわかった。しかし,学芸員との学びの経験や学習で得た縄文時代の正しい認識は小学生から維持しつづけていることがわかった。

これらのことから,地域の歴史や文化への興味・関心をもち,自ら博物館を積極的に活用する子どもたちを育てていくためには,博物館と連携しながら,地域の歴史や文化を学ぶ学習活動を継続していく必要があるといえよう。

(8) まとめ

縄文時代が1万年も続いたのはなぜか。人と自然との共生,持続可能な社会の構築,思想や人生観など,さまざまな要因があげられるであろう。その要因の一つひとつが現代を窓口として眺めると,表情に興味深く思えてならない。子どもたちも学習のまとめでは,各々が現代に横たわる諸問題に気づき縄文時代と対比させながら,これから自分たちが切り開いていくことになる未来像を模索していく。環境問題に視点をあてる子,地域社会のつながりや人との協力に視点をあてる子,人類平和について考える子もいる。子どもたちにとって縄文をひとつの覗き窓とすることで,現代社会や自分自身のさまざまな問題や進むべき未来が見えてくるのだろう。このように,縄文時代は学習資源として非

常にすばらしい魅力を秘めている。

　博学連携プロジェクトは子どもたちにさまざまな効果をもたらすことが明らかとなっている。また，地域の文化について学ぶことを怠れば，その正しい認識は損なわれ，文化財への興味や関心が失われていくことがわかってきた。

　全国各地で地域の特色を見いだし，地域振興に活用しようとする動きが活発化している。確かに，地域の価値ある文化を地域間連携というかたちで守り，そして地域の発展のために積極的に活用しようとする活動は意義あることといえよう。しかし，地域を担う子どもたちが自分の地域の文化になんの知識や理解・興味や関心をもたずしてそれらの活動が継続発展していくはずはない。地域の価値ある文化を教育に活用し子どもたちの育成を図ることは，文化財の保護やそれを活用した地域の活動につながっていくのではないだろうか。

　信濃川火焔街道博学連携プロジェクトは，常に子どもの学びを中核に据えて活動を進めてきた。5年間の継続した実践から，教員と学芸員の共通理解が深まり，互いの専門性を発揮しあうことで，子どもたちに質の高い指導が提供でるようになった。さらに，プロジェクトを経験した教員の多くが，プロジェクトを離れたあとも，学芸員との関係を維持し，教育活動に博物館や学芸員を積極的に活用している。このように教員についても実践的な経験を積むことによって，地域の文化，博物館や学芸員とのつきあい方についての理解が深まっていく。このプロジェクトを経験した子ども，教員，学芸員らがどのようなかたちで地域に，文化財に，教育に携わっていくのか楽しみである。

執筆協力
　　佐藤雅一（津南町教育委員会文化財専門員）
　　小熊博史（長岡市科学博物館）
　　石原正敏（十日町市博物館）
　　山本哲也（新潟県立歴史博物館）

2 越後上布と越後アンギン

(1) はじめに

新潟県中越地方の伝統文化の一つに「きもの」がある。越後縮や小千谷縮として現代にも受けつがれている着物文化のルーツは，衣服のルーツともいえる縄文時代につながっていた。それを証明することとなったのが，新潟県内，しかも十日町市（十日町・松代・松之山），津南町だけに残された幻の布といわれる「越後アンギン」である。縄文時代の遺跡から発見された土器の裏に，この越後アンギンの布目の跡が残されていたのである。

縄文時代の衣服の文化は全国に広がり現代とつながっている。しかしなぜ，縄文時代と現代とのつながりを証明できたのが越後なのか。なぜ，越後には今でも「きもの文化」が伝承されているのか。そこには，越後の自然環境が大きく影響しているのである。自然環境によって人間活動は変化し，また自然環境によって人間活動は守られる。日本有数の豪雪地域である越後は，その自然環境によって着物文化を縄文時代から受けつぎ，守ってきたのである。

(2) 越後上布と小千谷縮

越後上布の上布とは「上等の布」の意味である。上布と呼ばれる織物は越後上布のほかにも，会津上布，能登上布，近江上布，宮古上布，八重山上布など，全国に数多く存在する。その素材は，木綿や絹が用いられる以前の楮，葛，麻であった。麻が一般的で，そのなかでも上質な苧麻の細い糸で織った薄手で軽い麻織物を上布と称していた。

苧麻（ちょま）は，イラクサ科の多年草で全国至る所に群生している。平安時代の延喜式の記録によると，全国26カ所の主要生産品として麻布が記録されている。その量も越後の数十倍を誇る国々もあった。しかし，雪深い越後の気候風土は麻織物をつくるのに適していたこと，さらに越後人のねばり強さと仕事の丁寧さでより優れた織物に育っていったのである。まさに自然環境と人間の営みによって育まれた伝統文化である。

越後上布の歴史は古く，奈良の正倉院には約1200年前の越後上布が宝物として保存されている。これは，753（天平勝宝5）年3月29日，東大寺で行われた催しに使った屏風を入れた袋の一部である。材料は苧麻で，越後国沼郡夷守郷（中頸城郡三和村）戸主肥人咋麻呂と記名があり，庸（税）布として納められた物である。ちなみに，聖武天皇が東大寺に大仏を完成させたのが752年である。このことからも歴史の長さが感じられる。
　その後，上杉家が領する頃には，原料になる苧麻も大半が野生から畑に管理されるようになり，その苧麻の交易は上杉家の財源として大きな位置を占めていた。上杉家は，苧麻の栽培や上布の生産を奨励し，産業として育ててきたのである。
　寛文年間（1670年），播磨明石藩士（兵庫県明石市）だった堀次郎将俊（明石次郎）は浪人として小千谷地内山谷の庄屋西牧彦治工門宅に身を寄せ，近隣の人に読み書きを教えていた。ある日，この地方で織られている越後麻布に着目し，夏の衣料として改良することを思いついた。苦心の末，緯糸に強撚をかけて布を織り上げ，仕上げの工程で布に涼味を感じさせるシボを出す技法にたどりついた。また，これまでの白布に縞や花紋などの模様を織り出すことにも成功し，従来の越後麻布に革命的な成果をもたらした。かくして小千谷縮（越後縮）は誕生したのである。堀次郎将俊はこの小千谷縮の製法を惜しみなく公開伝授し，各生産地の産量は急激に増加した。小千谷村の記録では，1681（天和元）年には2517反だったのが，翌年には5062反になったほどである。縮取引も活発になり，問屋制度も確立した。1771（明和8）年には，江戸城本丸御召御用縮を用命され，諸大名は端午の節句に「菖蒲帷子」といって，小千谷縮の麻裃を着用して登城するよう定められた。江戸中期には，風通しのよい夏の衣料として武家から庶民にまで親しまれ，年産22万反を越えるまでの生産量を誇った。このように，堀次郎将俊は画期的な技術を完成させたばかりか，越後の産業に革命的な成果をもたらした。そして，小千谷縮の始祖堀次郎将俊は，61歳でその生涯を閉じた。没後，縮関係の人たちが彼の業績を称え極楽寺院内に1848（寛永元）年に明石堂を再建し，堀次郎将俊は妻（満）とともに夫婦

で静かに眠っている。

　1955（昭和30）年には越後上布と小千谷縮が，ともに国の重要無形文化財として技術指定を受け，長い歴史を経てきた越後上布・小千谷縮は，その技法を絶やすことなく受け継いでいくことになったのである。

　ここで，越後上布の製法について概観する。上布に用いる苧麻は背丈が2〜3メートルの植物である。繊維として用いるのは皮の部分で原料として用いられるのは茎の部分の約1.5メートルである。畑の管理から始まり，皮を剥いて水に浸け繊維だけを取り出して糸にするために20もの工程を経る。さらに織物としてでき上がるまでに「絣つけ」「整経」「機織」「雪晒し」「仕上げ」まで，実に50もの工程を経る。いずれも手作業である。制作される越後上布が重要無形文化財として指定を受けるためには次の五つの条件を満たさなければならない。

　第一に「糸は全て苧麻を手績みにて作ること」。手績み（てうみ）というのは麻の皮を爪で裂いて細い糸にする工程で，一反分の糸をつくるのに3カ月以上を要するという。麻は生糸のように長い繊維ではないので，糸はつないでつくる。細さの一様な糸をつくるのは熟練の技を要する仕事である。

　第二に「絣の柄付けは手くびりによること」。絣柄を付けるために白く残す部分を糸で縛って防染する。これも根気と熟練を要する。

　第三に「いざり機で織ること」。いざり機は原始的な機で，経糸を織手の腰の力で張り，ゆるみを加減しながら多くの手間をかけて織るため，織手の技術が影響する。手績みの糸は繊細なために高機には掛けられない。また，緯糸を通す，筬を3度打つ，杼で2度打つ，右足を引いたり伸ばしたりする，ケンをゆるめたり張ったりする。これを1動作とすると1尺織るのに1600回，1反では4万4800回の動作が必要となる。一つでも間違いが起これば思うような仕上がりにはならない。

　第四に「シボとりをする場合は，湯もみ，足ぶみによること」。織り上がった布は湯に付けて糊を落とし，さらに足で揉むことによって繊維が馴染んでより良い風合いとなる。

第五に「さらしは雪晒しによる」。雪晒しは越後上布独特の制作工程で，でき上がった布を三月の晴れた日に真っ白な雪の上に晒す。上布が雪に晒されると，さらに白くなるという。真っ白な雪に紫外線が反応してオゾンが発生し，その漂白作用で白くなる。雪晒しが始められたのは，800年ほど前と推定されている。ちなみに，布晒しは奈良が発生の地で，その頃の布晒しは水中に浸しては引き上げ，天日に晒すか，天日に広げ，間断なく水を散布しながら晒していた。雪のない地方の空気は，土ほこりや汚れが多く，晒しの日時に手間取り，純白の布を求めるのは至難だった。しかし，越後では雪の利用に気づき，空気の清浄さと相まって高度な技法として定着した。また，一度商品として送り出された越後上布の着物も，汗や汚れを落とすために雪の中に里帰りをして，織りあがりの布に混じって雪晒しされる。「雪中に糸となし，雪中に織り，雪水に濯ぎ，雪上に晒す。雪ありて縮あり，雪こそ縮の親と言うべし」と鈴木牧之『北越雪譜』の一節にある。今では2月から4月上旬まで，この雪晒しは越後の風物詩となっている。

　このようにして織られた上布は，最高級の夏のきものである。四季の移り変わりがはっきりとしている日本の蒸し暑い夏には最適な織物である。「嫁にやるには箪笥に帷子」という古くからの習わしがあるように麻織物は日本人の生活と強く結びついてきたのである。

(3) 越後アンギンと縄文の衣

　アンギンの語源は編衣（あみぎぬ）から転じたとされる。また一方では，一遍上人を開祖とする時宗の僧たちが全国を遊行するときに法衣としてまとった阿弥衣（あみぎぬ）から来るという説もある。編衣とあるように，織られた布ではなく編まれた布であり，その素材は，カラムシ青苧・赤苧（オロ）・ミヤマイラクサ（イラ）などの靱皮繊維である。このアンギン編みの製法や技法，製品や製作工具が保存伝承されているのは全国的に見ても新潟県の十日町市・津南町に限定される。このため越後アンギンと呼ばれ，学術的にもきわめて貴重なものとなっている。

さらに，考古学の発掘調査によって，アンギンが縄文時代の衣料の主流であったことが明らかになった。全国の縄文時代の遺跡から編布や土器の底などに編布の跡が付着した編布圧痕付土器が見つかったのである。編布として発見された遺物でもっとも古いものは，福井県三方郡三方町の鳥浜貝塚で，約6000年前の縄文時代前期の地層から編布が出土している。出土した編布の素材を分析すると，アカソ，カラムシ，イラクサなどの植物繊維であり，組織は「越後アンギン様編布」と報告されていることから，越後アンギンの歴史は6000年前にさかのぼることができるのである。また，編布圧痕付土器については全国のかなりの遺跡から多数出土している。土器に編布の痕が付く理由は，縄文人が土器をつくる際に，編布や木の葉を底に敷くことによって，土器を回転させながら形を整え，文様を施したからである。いわば，現代のロクロ代わりに使った縄文人の工夫である。土器の底に敷いた布はなくなっても，縄文人は土器の底に当時の布の証拠を残してくれていたということなのである。これらのことから，越後アンギンとほぼ同様の編布は縄文時代に全国でごく一般的につくられ使われていたということになる。

　ここで，織物と編物のちがいについてふれておきたい。織物は「縦方向に並列した糸（経糸）と，これに直交する糸（緯糸）とが交差しながら所用の長さ，幅，厚みをもつ繊維製品を成したもの」といわれ，最も単純なものが平織りで，日本の手ぬぐいやさらしなどのが代表的である。それに対して編物は「一本の糸またはひも状のもので編目（ループ）をつくりながら布状に編まれたもの」といわれて，セーターやTシャツなどが代表的である。では，アンギンなどの編布はどうであろうか。編布の構成は1本または2本の緯糸を2本の経糸で常に縄状に絡ませながら編み進め布状にする。経糸と緯糸で成り立っているので織物かと思われるが経糸を緯糸に絡ませるので，織物とはいえない。編物かといえば，経糸と緯糸があり，伸縮性もないので編物ともいえない。編布は，縄文時代にわが国で開発された日本最古の布は，きわめて特殊な布だということになる。

　縄文人の衣料の中枢を占めていたアンギンも，弥生時代以降綜絖の伝来によ

って織という新しい技術が導入されると，編布よりはるかに精巧な織布は衣料品の主流になっていく。編布は急速に衰退の一途をたどり，丈夫さや暑さなどの特性を生かした特殊な用途に限られて細々と技法が受け継がれていったと推測されている。その一例として有名なのが，時宗の僧侶が身にまとったアンギンの法衣である。今から700年ほど前に時宗をはじめた一遍上人は，遊行のための野宿の夜着などに兼用したと思われるアンギンの法衣を着ていたことが『一遍上人絵伝』の挿絵などによって知ることができる。しかし，このような特殊な用途以外の庶民生活の衣料としてのアンギンはその後現物はもちろん，文書資料にもあまり姿を表さなくなる。

　ところが，近世末になって中魚沼やその周辺地域に関連した記録や古文書類のなかに見られるようになる。そのなかでもアンギンが注目されたのは『北越雪譜』と『秋山紀行』でいずれも鈴木牧之の秋山を素材とした見聞記であった。現代に入りアンギンの追求に乗り出した小林存は，1906（明治39）年にアンギン発見をめざして秋山郷に入ったが発見することはできなかった。それから50年後の1953（昭和28）年小林は，越後秋山結東で幅20cm，縦30cmほどのアンギンの小袋を発見する。その後，滝沢秀一が津南町岡集落で濃紺に染めたアンギンの袖無しを発見する。さらに1960（昭和35）年には本山幸一が津南町樽田集落において，アンギン製品とその工具一式，そして20歳代に自分で実際につくったことがあるという制作者を併せて発見したのである。山本，滝沢両氏の研究によって長く「幻の布」とされてきたアンギンの全貌が明らかになり，1976（昭和51）年には国の重要有形民俗文化財の指定を受け，永久に保存されることとなったのである。

（4）苧麻 ―縄文時代と現代をつなぐもの―

　重要無形文化財の越後上布と小千谷縮，重要有形民俗文化財の越後アンギン，その両者に共通する物，それは苧麻である。カラムシは苧麻・苧・青苧などと呼ばれるイラクサ科カラムシ属の多年草で，本州から沖縄，アジア東部から南部に分布する。日本では紀元前からカラムシ系統植物が自生しており，縄

文時代にはそれを利用していた。しかし，その後大陸より繊維・収量ともに自生のものに勝る系統が取り入れられるようになり，大陸から入ってきた系統と自生していた系統が交配し，また長い年月を経て日本の風土にあったカラムシができあがっていったと考えられている。

現在でもカラムシは日本中どこでも見かけることができる。例えば，十日町の山間地のムラむらでは，カラムシは庭続きまで広がって，傾斜地の土どめの機能を果たしている。これらは今も日常的に見られることである。しかし，そのほとんどは雑草として駆除されている。道ばたに生えているその植物が，縄文時代から人々の衣服の材料となり，アンギンからきものへと発展し，私たちの衣服の文化を育んできたことをほとんどの人は知らない。

十日町市史編さん委員会編集の「越後縮の生産をめぐる生活誌」によると，苧の副産物である苧殻（皮を剥ぎ取った痕の茎の部分）をよく干しておき，ジロ（囲炉裏）の火を移して手燭（てしょく）に使った。子どもが夜中に用便に起きた折などに，親が火をつけてあたりを照らしてやったもので，この用途においてはトボシと呼んでいた。ジロ（囲炉裏）の炊きつけにもしたし，その一端にイワ（硫黄）を塗って付け木に代用したものもある。苧殻はまた，藁を巻きつけて松明にもした。十日町の雪季市へ茣蓙を売りに出かける時にも，重宝していた。盆踊り歌の三階節には，次の一首がある。『苧殻松明　焼け心　殿に　振り捨てられては　秋頃色付く　紅葉山』と糸に使用しない部分を捨てずに利用してきたのである。今では，ジロ（囲炉裏）のある家はほとんど残っていない。

(5) 文化にふれる（アンギン編み体験学習）

子どもたちが越後アンギンを自らの手で制作していく過程を越後アンギンの制作過程と併せて紹介する。

①情報の収集と調査　十日町市博物館や新潟県立歴史博物館へ行き，越後アンギンや縄文時代の服づくりの様子について調べていく。また，文献やインターネットで情報を収集し，材料や製作方法，歴史について学んでいく（写真4

−12)。

②カラムシの刈り取り　越後上布，越後縮や小千谷縮などの主原料として使用されるカラムシは畑（苧畑）を設けて栽培している。上質なカラムシは葉の裏に白い綿毛が生えていないのが特徴で，この系統を増殖して栽培している。しかし，気にかけてみてみれば，河川の土手や山の傾斜地などさまざまな場所で野生のカラムシを見つけることができる。これら野生のカラムシは「野ガラムシ」や「ヤマソ」と呼ばれ，栽培されているカラムシに対して葉裏に綿毛が密生し，葉裏は白く見える。カラムシは7月下旬頃から8月中旬盆頃までの夏の土用中が収穫期である。しかし，野ガラムシは，そのほとんどが雑草として刈り取られ処分されてしまう。

刈り取る場合は，草取り鎌では歯が立たない。稲刈り用の鎌を用意することをお勧めする。地面からおよそ15cmを残して斜めに切り取り，枝や葉はその場で摘み取って，茎の部分だけを収穫する（写真4-13）。

写真4-12　博物館での調査

写真4-13　カラムシの収穫

③カラムシから繊維を取り出す　刈り取ったカラムシは水につけておき，しばらく浸してから皮をはぐ。カラムシをおよそ半分に折り曲げると，茎は折れ表皮が半分に裂ける。そこに指を差し込み，表皮をはぎ取っていく。

次に表皮から靭皮繊維を取り出す。この作業をオヒキまたはオカキという。表皮をオヒキイタの上に敷き，オヒキガネという道具を使って表皮をこする（はぐ）ようにして，繊維に含まれる青汁を絞り出していく。子どもたちの体験活動には，オヒキイタのかわりに長机を用い，オヒキガネの代わりにプラスチック

の板を用いた（写真4-14）。専用の道具ではないため，作業の効率はよくないが，青緑色に輝く靱皮繊維を取り出すことができた（写真4-15）。こうして精製した繊維を干して乾燥すると，オまたはアオソなどと呼ばれる原料繊維となる（写真4-16）。作業し精製できたオはおよそ1人一つかみ，いかに根気のいる作業かを身をもって体験した子どもたちにとって，越後アンギンや越後上布の原材料としての知識だけでなく，人々の願いや思い，植物の性質や身近な環境についての問題意識にまで広がる体験を伴った理解として学習されていくのである。

④アンギンの工具をつくる　アンギンの組織は，緯糸を縦糸と縄のように練り合わせて，からみながら編んでいく。これに使う工具（編機）は縦糸をかける横木（ケタ）とその両端を支える脚（アミアシ）を組み合わせたものが本体となり，それに縦糸を巻く糸巻き（コモヅチ）で一式となる。ただしコモヅチは縦糸1本に対して2個必要となるため，幅の広い作品を製作する場合それに合わせてかなりの数が必要となる。アミアシとケタはホームセンター等で手に入れることができる平板を使用し，分解・組み立てが簡単にできるように設計・製作した（写真4-17）。コモヅチはゴムホースを10cm程度に切ることで代用できる。

写真4-14　オヒキの様子

写真4-15　取り出したカラムシの繊維

写真4-16　オ（アオソ）の完成

2　越後上布と越後アンギン　　87

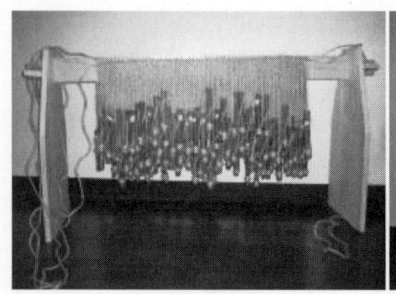

写真4-17　組み立て式のアンギン編み台

⑤アンギン編みに挑戦する　まずは糸づくりが必要となる。アンギンでは経糸には2本の繊維を両方の手の平で挟んで撚り合わせ（なう）縄状にした糸を使用する。いっぽう緯糸には，束ねた繊維を両方の手の平で挟み撚りをかけた糸（ヨリソ）を使用する。経糸は編む布の長さのおよそ3倍の長さが必要となり，その本数は，ケタにかける数だけ必要となる。

　次に編み方の手順を覚える。まずケタに経糸をかける。中心から同数の経糸がかかるように数を確認し，経糸の長さの中心（2分の1）の所をケタにかける。コースター程度の作品の場合，丈が短いため経糸を巻き取っておくコモヅチを使用する必要はない。次に1本目の緯糸をあてる（図4-5）。ケタの一番左に下がっている経糸を緯糸に絡めていく。編み台に対して手前に下がっている縦糸を左手で持ち，編み台の向こう側に下がっている経糸を右手で持って交差させる。それを1本おきに行う。右端の経糸（最後の1本）は編まない（図4-6）。2本目の緯糸を加え，今度は1本目の緯糸をあてた時に編んでいない経糸を左から編んでいく。緯糸2本を一緒に編むようになる。2本目の編み終わり（右端の経糸を編む時）に3本目の緯糸を継ぎ足すように加えて一緒に編む。右端の経糸だけ緯糸3本を一緒に編むようになる（図4-7）。この時，ケタの左側には2本の緯糸が出ており，右側には3本の緯糸が出ている状態になっている。常に3本出ている緯糸の一番下側に位置する緯糸をほかの緯糸の裏（奥）から上げて左端に渡し，3段目の緯糸として編む。ただし，この場合右から左へと編んでいくが，一番右端の経糸は編まず，右から2本目の縦糸から1本とばし

88　第4章　新潟県中越地域の自然環境と人間活動

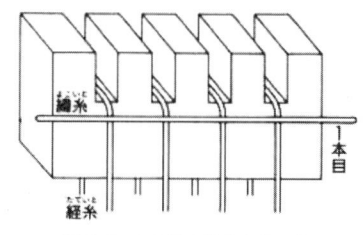

図4-5　1本目の緯糸をあてる

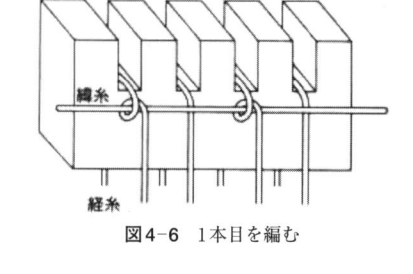

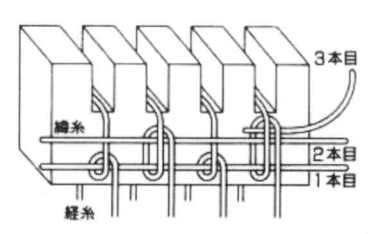

図4-6　1本目を編む

図4-7　2本目を編み3本目を足す

図4-8　3段目を編む

に編んでいく（図4-8）。次は，ケタの左に3本の緯糸が出ている。この緯糸の内一番下の緯糸を今度は他の2本の緯糸の手前から上げて右端に渡し，4段目の緯糸として編んでいく。この場合左から右へと編んでいくが，先ほどと同様

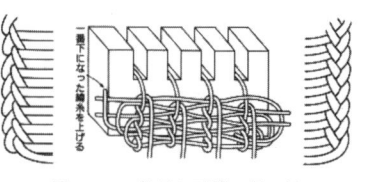

図4-9　4段目と両端の編み目

に一番左の経糸は編まずに，左から2本目の経糸を1本とばしに編んでいく。緯糸の上げ方は，右側は残す2本の緯糸の裏（奥）から上げ，左側は手前から上げる。このように編んでいくと両縁編み目が矢羽根状に編みあがる（図4-9）。緯糸7段目に2段目の編み終わりに継ぎ足した3本目の緯糸を編み込むことになるが，編み込むまで緯糸が抜け落ちてしまわないように注意が必要である。また，経糸の端と端を別の経糸と取り違えないように編み進めなければならない。7段目まで順調に編みあがれば，徐々に要領もつかみ楽しく編めるようになるであろう。

簡易編み台を使って2時間程度でコースターを完成させることができた（写

[2]　越後上布と越後アンギン　　89

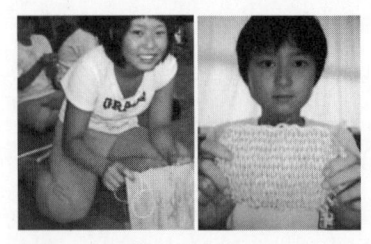

写真4-18 制作の様子と完成したコースター

真4-18)。慣れてくれば作業時間は1時間程度になる。

⑥縄文人のファッションを再現する　いよいよ，アンギンの袖無しとズボンづくりに挑戦する。使用する糸については，経糸には綿のたこ糸を使用し，緯糸にカラムシから精製したオを使用した。

次に袖無しの身幅を決める。製作する子どもの肩幅を測り，それより両側に1cm程度広く設定する。次に肩丈をきめる。袖無しは後ろ身頃の裾から編みはじめ，前身頃の裾で編み上がりとなる。したがって裾から肩までの長さの2倍の長さが全体の布の長さとなる。ただし，後ろ身頃は前身頃よりも3cm〜5cm長めに設定する。経糸は全体の布の長さの3倍必要となる。その長さの縦糸が，身幅に合わせた経糸の本数分（本数は必ず偶数となる）必要となるのである。

経糸を必要本数そろえたら，半分におり中心の位置を決める。両端からそれぞれコモヅチに巻きつけて中心部分をケタに掛け両方のコモヅチが10cm程度ぶらさがるように調節する。

あとは，先ほどの説明と同様に編み進めていく（写真4-19）。後ろ身頃の長さを編み終えたところで中心から経糸を左右1本ずつ編み止め，衿の部分を開ける。編み止めは，経糸が解けないように結び，余った糸は切らずに残しておく。その後の前身頃は，左右に2分割され，両方を編み進めていくことになる。先ほど残しておいた経糸を緯糸として利用し，余った経糸を編み込んでしまう。そのまま前身頃の裾まで編み進める。

写真4-19　2人で編み進める様子

編み終わった経糸は，それぞれの目ごとに解けないように結ぶ。越後アンギンの編み止めは経糸をループ状にして編

90　第4章　新潟県中越地域の自然環境と人間活動

み，矢羽根の編み目をつくる技法を用いるが，子どもには難しい。しかし，子どもたちはデザインを考え，余った糸を数本ずつまとめ三つ編みを施した。前身頃の裾に可愛らしい飾りができあがった。子どもたちの発想力に思わず感嘆の声をあげた。縄文人もおそらく子どもたちのようにさまざまな工夫を繰り返しながら，お洒落を楽しんでいたに違いない。あとは腕の出る袖の部分を残して，両端を荒めに縫い合わせて（千鳥がけ）脇を綴じれば完成する。

　ズボンについては，右半分と左半分を縫い合わせるとズボンになるような型紙を作り，型紙に合わせてアンギン編みを行った。左右二手に分かれて同時に作業ができるので編むための道具さえあれば比較的に完成までは時間がかからない。帯は，アカソの糸を三つ編みにしてつくり，袖なしに巻きつけた。さらに，鹿角や勾玉の首飾りに弓矢を持たせ，縄文のファッションを子どもたちなりに再現した（写真4-20）。

　⑦学習の広がり　これらの体験活動から得た学びを他校の子どもたちに発表したり（写真4-21）地域の博物館に展示して広く公開したりしている。また，アンギン編み体験は親子の学習会等に取り上げられるなど，保護者の関心や理解も深まっている。さらに，この展示をきっかけにデザイナーの眞田岳彦氏から作品制作を依頼され，「越後の布」をテーマに，大地の芸術祭に出品するアート作品（写真4-22）を子どもたちとともに制作するという活動に広がっていった。

写真4-20　完成した衣服

写真4-21　学習発表の様子

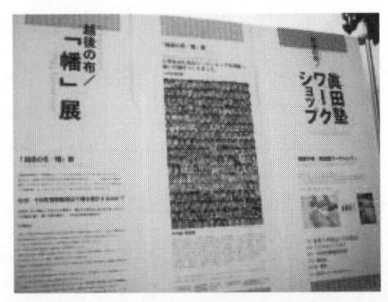

写真4-22　アート作品：越後の布「幡」展

(6) まとめ

　日本人は約6000年以上も昔からカラムシなどの植物繊維を利用した服づくりを行ってきた。その製法や原料は時代とともに変化していくが，縄文時代と変わらぬ布が十日町市と津南町に越後アンギンとして今でも息づいている。また，越後上布や小千谷縮もそれと同様に新潟県魚沼地域の限られたところにしか残っていない。冒頭でも述べたが，日本有数の豪雪地域である越後の自然環境が越後アンギンや越後縮を守り伝えてきたことは間違いない。1人がつくれる越後縮はひと冬1反，越後アンギンにしてもかなりの時間を要する。雪と戦い続けることで育まれた忍耐力と雪にとざされた生活のなかで生業として受け継いできた布づくりの技術が越後アンギンや越後縮を支えてきたのだ。

　しかし，自然環境だけがこれらの技術を保存してきた要因なのだろうか。日本中で行われていたはずのこれらの仕事が衰退していったのはなぜだろうか。それは，人間の生き方の変化による社会環境の変化にほかならない。大量生産，大量消費の社会環境によって次々に新しい技術が生まれ，新しい技術に追いやられる形でそれまでの技術が衰退していく。しかし，自然環境が新しい技術を阻む形で今までの技術が生き残るのである。

　今回は越後の「きもの」を例に論じてきたが，社会環境の変化によって衰退の一途をたどっている文化や伝統は数多く存在する。文化・伝統を教材化することは，歴史的意味や背景などの社会科学的な理解に留まらない。そこに営まれてきた人々の暮らしをひもとき考え直していくことは，自然科学的な理解に

もつながると同時に,持続可能な開発の推進につながっていく。なぜなら,文化・伝統は自然とともに生きてきた人々が持続的な社会を形成してきた証だからである。

　カラムシから糸を精製し,アンギンを編み上げる過程は,単なる文化・伝統の追体験に終わらない。自然保護や未来の社会のあり方を考える絶好の教材となる。身近な地域の文化・伝統を持続可能な開発のための教育（ESD）の視点をもって教材化することは意義深い。そうしてつくられたカリキュラムは,まさに学際的な総合学習のカリキュラムとして構成されていくであろう。また,そうしたカリキュラム編制の実践が広がっていくことを願っている。

③　自然災害と人間への影響

（1）自然の二面性

　新潟県は,佐渡島を望む長い海岸線をもって日本海に面し,上流の森林を維持しながら,下流に肥沃な沖積平野を展開している。豊富な降水量やそれに伴う水の循環も加わって,多様な特色をもった地質・地形が自然環境を形成し,その結果,人々は自然からのさまざまな恵みを受けている。これらは,食料資源やエネルギー・地下資源など物質的なものから,国立公園・国定公園・県立公園などの自然景観,温泉・スキー・観光等の娯楽など精神的なものまで多岐にわたり,あらゆる人間生活にかかわっている。

　しかし,自然はいつのときでも,人間にとって都合のよいものとは限らない。自然は本来,人間の営みとは無関係な中立的なものである。つまり,自然現象は,上で述べたようなさまざまな恩恵を人間に与える一方で,自然災害を生じ,場合によっては人間活動に大きなダメージを与える。それには地震災害から,火山災害,また,豪雪・豪雨などの気象災害,さらには地すべり・斜面崩壊等の地盤災害まで多様である。

　つまり,新潟県のように自然が豊かであることは,厳しい自然環境が備わっていることにもつながっている。現在見ることができる美しい自然景観もその

形成にはスケールの大きな自然現象がはたらいたことの現れにもなる。

　日常生活のなかでは，とくに都市域で生活する人々にとって，自然の恵みを実感し，感謝することは少ない。しかし，大きな自然災害が生じたときに都市，地方にかかわらず，人々は改めて自然の偉大さ，恐ろしさを感じることになる。科学技術が発達し，経済社会が発展すればするほど自然への畏敬の念が薄れつつあることも否定できない。しかし，日本海側のように，直接自然にかかわった生活や産業が多い地域だからこそ，自然のありがたさ，恐さの両面を備えた自然のダイナミクスを理解できることもある。

　科学技術や経済社会の発達にもかかわらず，人間は，現在でも自然災害を防ぐどころか，それを予知・予測することでさえ不可能に近い。自然災害により，大きな被害を受けるということは，自然に対する人間の認識，もしくは社会システムそのものに問題がある場合が多い。つまり，人間の自然に対する理解や認識が不十分であった時や，人間が自然に対するはたらきかけを間違っていたときに，災害が生じたり，拡大したりすることにつながる。確かに人間は自然災害を完全に防ぐことはできない。ただ，被害を最小限に止めることは不可能ではないし，そのような努力は怠るべきではない。

　自然災害を学ぶことは，自分たちの生命や財産を守るためだけではない。それまでの自然と人間とのあり方を根本的に考え直すことができるときであり，人間と人間，人間と社会との関係を再構築するときでもある。そのため，環境教育やESDの観点からも自然災害をとらえることは非常に重要である。自然災害時だけでなく，人々は，ややもすると自分は災害や事故・事件に無関係と考えがちになりやすい。しかし，自然災害を意識することによって，安全や平和のありがたさを実感することができ，危険や危機管理への意識が高まる貴重な機会になるといえるだろう。

　また，幸いにも自分は自然災害に遭遇しなかったとしても，毎年，国内外でさまざまな自然災害が発生している。そのため，多くの人々が犠牲になったり，復興のため苦しんでいたりするのは事実である。日本列島の特色から，発生する自然災害は多様である。同じ日本列島のなかでも，台風が通過しやすい

地域，大規模な地震の発生が予想される地域，火山活動の影響を受けやすい地域，河川が氾濫しやすい地域など，自然条件に応じて異なった被害が予想され，これらすべてを他地域の人が想像することは容易ではない。

しかし，自然災害による被害を自分の問題としても考えることができるような人材の育成が，これからの地域，学校での教育に必要である。とくに国際化が進む時代においては，自然災害削減のために日本を含む先進諸国の役割は大きい。日本では，これまでも自然災害に遭遇して大きな被害を受けてきており，そこから得た教訓も多く蓄積されている。ESDの観点からも，今後は，国内だけでなく，どのようにこれらの経験や教訓を開発途上国など海外へも活かすのかが大きな課題となっている。自然災害が生じた場合，その悲劇を繰り返さないように現実の被害から多くを学び，将来や他地域に伝えることが犠牲の代償といえるだろう。

ここでは，まず，比較的最近に新潟県内に生じた自然災害を取り上げて，自然を災害と恩恵の二面性から考えてみたい。次に自然災害による被害を削減するために，国際的にはどのような取組みが始まっているかを概観する。

(2) 近年の中越地域周辺の地震
・地震と自然景観

新潟県では，ここ数年の間，2004（平成16）年11月に中越地震，2007（平成19）年7月に中越沖地震と相次いで大規模な地震が発生した。

ただ，ここで大きな問題と考えられるのは，「新潟県に大きな地震はこない，自分は地震の被害に遭わない。」などと思っていた人が多かったこと，また，現在もそのような人が多いと考えられることである。このような意識は新潟県だけに限らず，全国的にもいえることである。確かに兵庫県南部地震以降，行政などでは，大規模な地震を想定した取組みがなされている。例えば，2007（平成19）年10月からは，緊急地震速報のシステムを準備するなど，国レベルでもさまざまな対策が取られている。

国，都道府県，市町村等各行政において，災害削減の対策が取られること

は，重要な意味がある。しかし，日本各地で報道される災害やその対策にもかかわらず，一般市民にとっては，必ずしも地震やその対策等についての理解や意識が向上しているとはいえない。有史以来，新潟県およびその周辺では大きな地震が発生している。なかには，国内だけでなく，国際的にも著名になった地震も多い。例えば，1964（昭和39）年新潟地震は，その液状化現象によってビルの倒壊が注目された。写真4-23はニュージーランドのクライストチャーチに位置するカンタベリー大学の地質学教室前の展示である（カンタベリー大学は観光都市の中に立地していることもあり，大学そのものが一つの観光地となっている。そのため，内外から多くの一般の人が訪れている。日本では北海道大学がそれに近い状況にある）。ここでは世界の代表的な地震災害の例として新潟地震による市街地の被害が写真展示されている。大きな被害を伴ったこれほどの地震が，日本のしかも新潟県内の人々にさえも忘れられがちなのは残念なことである。

新潟県には，北東―南西方向の活断層が多く存在しており，専門家の間では，地震の可能性の高い地域であることが知られている。実際，兵庫県南部地震後には，国内で大規模地震の発生する可能性が高い地域がリストアップされ，その中に中越地域も入っていた。

また，地震が発生する可能性の高さは，自然景観からもうかがうことができる。写真4-24は中越地域に位置する津南町の河岸段丘を示したものである。津南町の河岸段丘は日本一の河岸段丘と称されている。河岸段丘は，河川の侵

写真4-23　カンタベリー大学で掲示されている新潟地震

食作用と土地の隆起によって形成された。つまり，河岸段丘の景観は著しい地殻変動の跡と見ることができ，これは現在も継続されていることが多い。地形の急激な変位は地震が発生するたびに生じる。そのため，将来にわたってもこの地域で地震が発生する可能性は高いということができる。

写真4-24 津南町の日本一の河岸段丘

さらに，山間地域では，地震が発生した時，斜面崩壊やがけ崩れなどによる被害が生じることも多い。とくに新潟県は，地すべりの発生件数が日本でも最も多い地域である。これは，新潟県全域にわたって存在する新第三紀に堆積された砂岩・泥岩層の崩壊による。これらの堆積岩には，モンモリロナイトと呼ばれる膨潤性の鉱物が多く含まれており，地震だけでなく，豪雨時にでも崩壊することが頻繁にある（写真4-25）。

写真4-25 地震時の斜面崩壊

地震が発生しないときにでも，これらの地層は重力方向，つまり，斜面傾斜方向に少しずつ移動し，地すべり地形をつくりやすい。これらの地形を利用したものが「棚田」である（写真4-26）。近年「棚田」は日本の農村の典型的な原風景

写真4-26 棚田の風景

として脚光を浴びることもある。しかし，「棚田」は自然景観を提供しているだけではない。新潟県には「こしひかり」などいわゆるブランド米と呼ばれる良質の米が生産されるのも有名であり，「棚田」はそのような多くのブランド

③ 自然災害と人間への影響　97

米を産出しているのも事実である。したがって，地すべりや斜面崩壊などの自然災害を生じやすい地質・地形の特色が，一方では，日本の原風景である自然景観や良質の米を通して，人間に精神的，物質的にも恩恵を与えている。なお，中越地震時に大きな被害を受けた旧山古志村（現長岡市）では，棚田を利用して，多量の錦鯉を育成しており，鯉に大きな被害が生じたことは周知のとおりである。

・中越地震とその課題

　2004（平成16）年10月23日午後5時56分，新潟県中越地域を中心とするマグニチュード6.8の内陸地震，いわゆる直下型地震が発生した（写真4-27）。この「平成16年新潟県中越地震（以下，中越地震と略記）」は，最大震度が気象庁震度7を記録し，避難者は一時10万人を越えた。震災の影響は大きく，2007（平成19）年4月になってようやく，新潟県長岡市古志（旧山古志村）などの住民の復帰が完了するなど，復興の進捗に非常に時間がかかっている。

　ここで，兵庫県南部地震とも関連して，山間部での地震の被害を少し考えてみたい。当然ながら地震被害そのものについては，地域の特色を反映しているので，簡単にその差を述べることはできない。しかし，人間がそこを開発したり，住んだりする以前の，いわゆる土地の履歴についての共通点は明らかになった。つまり，かつての谷などに埋めたてた造成地で大きな被害が生じていた点では，阪神地域の丘陵地から山間部にかけての被害と中越地震で生じた山間部での被害は類似していた。

　最近では，自然災害の予知・防災から，復興・支援等についてまで，一般行政や研究機関はじめ，場合によっては自衛隊やNPOなどのさまざまな機関が喫緊の課題としてその対応に取り組んできている。しかし，ここに二つの問題点が指摘できる。

写真4-27　中越地震によってひずんだ線路

まず，都市部と地方では復興の早さが異なることである。1995（平成7）年兵庫県南部地震後の神戸市では，経済活動等へ与える影響の大きさから，比較的早急に復興に取り組まれ，住民生活の復旧が進んだといえる。これに比べ，中越地震は震災からの復興の遅れという地方での課題を表出させたとも考えられる。

　関連して国の災害復旧支援の法律では，災害の発生から支援終了までの期限が決められていることが多い。しかし，新潟県，しかも中越地域のような豪雪地域であれば，冬の間，復旧作業に遅れが出て当然である。そのような状況下で支援が一定の期間で打ち切られるのは新潟県では適切でない。しかも，中越地震が生じたその冬はいわゆる「新潟豪雪」と呼ばれた時期であり，例年より積雪が厳しい状況であった。なお，この豪雪による犠牲者数が中越地震での被害者数を越えたことも付記しておく。

　次に，自然災害が発生すると物質的な支援やインフラの復興が最優先される。災害に強い街づくりや災害後の復興対策については，各自治体等においても最重要課題としており，それなりに取組みが進んでいるようにみえる。しかし，これらはいわゆる物理的な復興である。災害が生じたときにダメージを受けやすい子どもたちのような社会的弱者への支援はややもすると遅れがちになりやすい。子どもたちへの精神的なフォロー，いわゆる「心のケア」も不可欠となるが，現状では，これについての十分な対応がなされているとはいいがたい。

　その点から考えると，次に詳しく述べる2007（平成19）年の中越沖地震では，夏期休暇中であっても学校を開校したり，行政が医師やカウンセラーによる教育相談の体制を整えたりしたことは大きな意義があったといえる。また，中越沖地震だけでなく，その前に発生した中越地震時も含めて，学生を中心とした近接の大学の地域，とくに被災地の学校に対して取り組んだ支援は今後の災害復興の方法の一つとして大きな示唆を与えた。教員をめざす学生が多い教育大学では，日常から教育実習などを通して子どもたちへの対応を経験している。そのため，災害時にでも子どもたちに適切な対応をしたとの報告がされて

いる。

・中越沖地震

　2007（平成19）年7月16日，新潟県柏崎市沖を震源とするマグニチュード6.8の地震が発生した。2004（平成16）年新潟県中越地震から3年も経っていないため，さまざまな対策がとられていたにもかかわらず，多数の家屋や施設が倒壊するなどの被害が生じ，犠牲者は12名に達した。電気や水道などの復旧は比較的早かったとはいえ，市内の都市ガスなどのライフラインへの損傷は大きく，市民の日常生活に与えた影響も大きかった。家屋の損傷などから地震後も避難所生活を余儀なくされた住民だけでなく，都市ガスの供給が自宅に復旧されるまで，炊き出し所や風呂の設営などを備えた学校の避難所に頼らざるをえない市民も目立った（写真4-28）。

　被災地の多くの学校においては，勤務する管理職はじめ教職員にも自宅などに大きな被害が生じた。それにもかかわらず，所属する児童・生徒および保護者の掌握や対応だけでなく，避難所の運営にも献身的にかかわった。そのため，心身ともに疲労が大きくなっていたことが考えられ，被災地の児童・生徒だけでなく，学校や教員への配慮も自然災害時の今日的な課題となりつつある。

　近年，学校安全や危機管理への対応が注目されることが多くなってきた。自然災害への備えや取組みはその基本となることが考えられ，実例をもとに考察する意義がある。

　中越沖地震が全国に大きな衝撃を与えたのが，東京電力柏崎刈羽原子力発電所の被害である。わずかであるが，放射性物質が海や大気に漏れ，その後はむしろ風評被害がうかがわれた。従来から懸念されていたように，新潟県内に存在する活断層が，発電所もしくは近辺に存在し

写真4-28　中越沖地震での避難所

ていた可能性が指摘されるようになった。想定外の地震発生による発電所の被害ともいわれるが，以前から大きな地震の発生を予想していた専門家もあり，改めて地震予知，可能性の難しさが明確になった。

　1964（昭和39）年新潟地震においても予想できない地震によって，倉庫が損傷し，メチル水銀が阿賀野川に流出したと工場側が弁明したため，新潟水俣病訴訟が生じた。「想定外」の地震としても，その後，環境問題として表面化したことは同じである。

　原子力発電については，以前から，その安全性に関してさまざまな論議が見られる。中越沖地震によって，発電所の立地条件の安全性や危機対応に対するような問題が再びクローズアップされるようになってきたといえる。

　ただ，膨大なエネルギー消費は人間の便利さへの追求の結果であり，生活の質的向上とともにエネルギーの増大は避けることができない点もある。改めて安定なエネルギー供給の意味を考えることが必要となるなど，ESDの観点からも中越沖地震の発生によって，多くの課題が明確になった。さらにこの地震を通じて，発電所が新潟県にありながら，地元のためにエネルギー供給を行っているのでなく，首都圏に大きなエネルギー供給を行っていたことも多くの人たちに認識されるようになった。

④　国際的な防災戦略と中越沖地震

（1）国連の活動と国際防災戦略（ISDR）の設立

　1995（平成7）年1月に生じた兵庫県南部地震が国内外に与えた影響は大きく，とくに国内においては，太平洋側の多くの都市で防災を喫緊の課題としてとらえる傾向になっている。その後も日本だけでなく，近年の自然災害による被害は2004（平成16）年スマトラ沖地震に代表されるように非常に大きいものが目につく。このような世界各地での地震，津波をはじめ，台風等を起因とする洪水などの大規模自然災害による被害が後を絶たず，国連の関連する機関においても被害国への支援に関するさまざまな対応に追われている。従来か

ら国連活動に関する日本の果たす役割は期待されており，経済的な支援のみならず，人的な支援の状況も度々報告されている。

よく知られているように世界の平和と安全の維持を目的として，国連の活動がある。PKOなど国際紛争解決への取組みについては注目されることが多い。同時に近年では，貧困や差別も平和を脅かすものとして国連の新たな重要な課題となっている。しかし，従来，指摘されることは少なかったが，平和と安全の維持を考えると国連のこれからの役割として自然災害に対する取組みも無視することができない状況になっている。

国連での日本の経済的な貢献はそのGDP比に応じているため，ほかの国々と比べても高い。例えば，日本は2007年度の国連通常予算の16.6％を分担している。これはアメリカの22.0％に次ぐ2番目の多さである。国際の平和と安全に直接かかわるPKO予算についても，16.6％を分担しているが，通常予算より余分に支払う常任理事国でさえ，アメリカ26.1（22.0）％（括弧内の数字は国連通常予算の分担割合を示す，以下同様），イギリス7.9（6.6）％，フランス7.5（6.3）％，中国3.2（2.7）％，ロシア1.4（1.2）％となっているため，日本の分担金のあり方をめぐっては国内でも論議されることが多い。自然災害についても同様に日本は大きな経済支援を行っている。日本政府の見解によると2005（平成17）年では，自然災害対策による援助総額は898億円に達し，これは国際的にも最高水準である。しかし，このことは国内でも，あまり多くの人に意識されていない。

当然ながら，開発途上国に対し，自然災害時の物質的・経済的な支援はそれなりの意味もある。しかし，開発途上国では，それだけではなく，教育内容，方法，研修システムなど，多岐にわたっての援助が必要とされている。同時に先進諸国においても学校での防災や減災の教育システムは十分整っているとはいえない状況にある。いわば，防災，減災教育に関する各方面の課題に対して日本の国際的な貢献の可能性は高い。

近年の国連の自然災害に対する取組みを見ていくと，1990（平成2）年からの10年を「国連防災の10年」として，各国に啓発を呼びかけてきた。この期

間が終了した2000（平成12）年には，国連総会のなかで，International Strategy for Disaster Reduction（国連世界防災戦略：以後，ISDRと称する）というプログラムが設立された。これは，自然災害やそれに関連する事故災害および環境上の現象から生じた人的，社会的，経済的，環境的損失を減少させるための活動にグローバルな枠組みを与えるという目的をもっている。

　ISDRは，防災の重要性についての各国の認識を高めることによって，災害からの回復力を十分に備えたコミュニティーをつくることをめざし，これらが持続可能な社会の形成に不可欠であるととらえている。そのため，国連組織として，ISDR事務局が設置され，これが防災に関する戦略および計画・調整の中心となっている。具体的には，ISDR事務局は，世界防災白書を発行したり，自然災害や災害リスクについての理解を広めるための啓発活動を行ったりしており，防災に関する国際情報センターとしての機能を有する（例えば，UN/ISDR，2007など）。

（2）兵庫行動枠組（HFA）の2005-2015行動計画における学校防災の意義と課題

　兵庫県南部地震から10年後の2005（平成17）年1月には，先のISDRが中心となって，兵庫県神戸市で国連防災世界会議が開催された。この会議のなかで，2005（平成17）年から2015（平成27）年までの行動計画が採決され，これがHyogo Framework for Action（兵庫行動枠組：以後，HFAと称する）と呼ばれている。HFAでは，優先行動として，次の五つのテーマが採択された。1. 災害リスクの軽減は，実施に向け，強い組織的な基盤を持つ国家・地方での優先事項であることを保証する，2. 災害リスクの特定，評価，監視及び早期の警告を強める，3. 全てのレベルにおいて，安全と災害への対応の文化を築くための，知識，技術革新，教育を用いる，4. 潜在的なリスク要因を削減する，5. 全てのレベルにおいて，効果的な対応のために，災害への準備を強める（United Nations, 2007a）。このなかで，3. についてが，学校教育と最も関連しているため，次により詳しく見ていきたい。

3.についての項目の説明は,「人々に十分な情報が伝達され,防災や災害に強い文化に対して意欲的であれば,災害はかなり削減することができる。そのためには,災害,脆弱性,能力についての関連知識や情報を収集・編集し,それらを普及させることが必要である」と記されている (p.9)。このための主要な活動として,(i)〜(iv) の順に,「情報の管理及び交換」,「教育とトレーニング」,「研究」,「社会的な啓発」があげられている。このなかで (ii)「教育とトレーニング」において,具体的な内容が (h) から (m) まで,6項目記されている。これらの項目は表4-2に記すとともに,以下に日本の教育の現状をふまえて考察する。

「教育とトレーニング」では,まず,(h) で学校教育のなかで防災・減災教育を取り上げ,これらをESDに結びつけることの必要性を述べている。ESDの実施計画では,具体的な内容は記されていないが,そのねらいを考えると,自然災害への防災・減災への取組みは大きな意義がある。(i) では,大学や学校が地域での災害の可能性を把握し,それに対応できるプログラムを促進する

表4-2　HFA　優先行動3「(ii) 教育とトレーニング」項目

(h). 全てのレベルにおける学校カリキュラムの関連する部分に,災害リスク軽減に関する知識を含め,また青少年や子ども達に情報が伝わり,災害リスクの軽減「国連持続可能な開発のための10年 (2005-2015)」の本質的な要因として統合するために,他の公式,非公式のルートを促進する。
(i). 学校や高等教育機関で,地方リスク評価及び災害への備えのためのプログラムの実施を促進する。
(j). ハザードの影響を最小限に抑える方法を学習するため,学校におけるプログラムおよび活動の実施を促進する。
(k). 特定の部門(開発計画担当者,危険管理担当者,地方公務員など)を対象とした,災害リスク管理や軽減に関するトレーニング及び学習プログラムを開発する。
(l). 災害を軽減し,対処するための地域能力を強化するため,必要に応じてボランティアの役割を考慮した地域密着型トレーニング・イニシアチブを促進する。
(m). 女性などの脆弱な人々に対し,適切なトレーニングや教育機会への平等なアクセスを確保する。災害リスク軽減に関する教育やトレーニングを不可欠な要素として,ジェンダーや文化的問題に配慮したトレーニングを促進する。

(UN "Hyogo Framework for Action 2005-2015", 2007より抜粋)

ことが述べられているが，これは，むしろ設置者側の課題といえる。とくに学校に与える影響を考えると，都道府県や市町村レベルでの教育委員会の姿勢も重要である。(j) については，学校教育のカリキュラムのなかでの取扱い事項そのものであり，現在に求められる教育課題の一つの具体的内容といえる。つまり，災害削減には，理科や社会科などの教科において，基本的な地質・地形・気候・気象などの知識を取り扱うとともに，環境教育や総合的な学習の時間のように，体験型や問題解決型の学習が不可欠であることを示している。最近，日本でも総合的な学習の時間のなかで地域の実情をふまえた自然災害に対する取組みが見られるが，これもその一つの方法である。

(k) では，とくに一般行政に携わる人たちを対象としたようにしか書かれていないと読み取られることがあるかもしれないが，教育行政に関してもいえることである。すなわち，(j) ともかかわって，教員を対象とした研修を行う場合やそのための教育委員会や教育センターの指導主事等も対象とした研修プログラムを開発することは学校において防災教育や減災教育だけでなく，安全教育や学校危機管理の観点からも避けることはできない。当然ながら国レベルにおいても研修の企画は必要である。確かに (l) で示されたように，ボランティアによる地域密着型のトレーニングは，災害被害の軽減や復興には効果をあげることが期待できる。しかし，現実的には，災害には状況によって対応する内容が大きく異なり，経験をふまえたトレーニングが必要である。国内においても 1995（平成 17）年の兵庫県南部地震以降，ボランティア活動に関する情報の蓄積は見られる。ボランティア活動が必要な大規模災害の数は多くないため，それらの事例を整理し，他地域にも発信しておくことは重要である。

なお，(m) については，学校教育というより，むしろ，地域社会の課題も大きい。災害時には，女性や子どものような脆弱な人々が被害を大きく受けやすく，そのため，適切なトレーニングや平等なアクセスが必要とされている。とくに子どもたちには「心のケア」が必要な場合も生じる。ただ，開発途上国と違い，先進諸国においては，高齢者が大きな被害を受けることがある。近年，日本において地震による被害が目立つ日本海側地域では，過疎化・高齢化

が進んでいたことに伴い，高齢者の犠牲者数が多い。そのため，この社会的条件を考えると，(iv)「意識の啓発」で示されているような災害に強い文化や強力なコミュニティーの関与を促進するために，社会のあらゆるレベルにおける継続的な公教育キャンペーンや公的な協議の着手とともに考えていく必要がある。

(3) ISDR主催のGlobal Platform，First Sessionと日本の貢献

このような流れのなかで，2007（平成19）年6月には，スイスのジュネーブにおいて，ISDR主催のGlobal PlatformのFirst Sessionが開催された（写真4-29）。筆者は，内閣府，アジア防災センターから依頼があり，本会議に出席し，日本の学校教育における防災教育について報告することとなった。このGlobal Platformの目的を一言で述べると，HFAの実行を容易にし，速めるための論議や啓発を行うことである。ここで，UN/ISDR（国連ISDR事務局）はHFAが示しているのは，次のようなこととらえている。「災害に対する国やコミュニティーのしなやかさを築くことは，災害の悪影響を減少するために求められる鍵となる政策手段である。2005年の国連防災世界会議において168の政府によって，個々の市民から，コミュニティー，民間企業，政府，国際機関まで，行動を結びつける戦略の意義が認識された。今なお，何百万の人々が地質的や気象的な原因による災害にさらされており，とりわけ急速な都市への人口集中，気候変化によって住民の危機は高まっている。また，この会議では，減災のための国際的な協力体制の構築を目的とし，政府や関係団体を国際，地域レベルにおける活動に取り込み，そのための方策や方法を推進する活動的な指導者となることを期待している」(United Nations, 2007b)。

ところで，国連機関には，さまざまな委員会や事務所等が存在する。そのなかでもジュネーブに本部が設置されているのは，International Labor Organization

写真4-29 ジュネーブ国連本部

(国際労働機関,ILO), United Nations Commission on Human Rights（国連人権委員会,UNCHR）, Committee on the Rights of the Child（国連子どもの権利委員会,CRC）, Office of the United Nations High Commissioner for Refugees（国連難民高等弁務官事務所,UNHCR）や,（国連人道問題調整事務所,UN/OCHA）など,人権に関するものが多い。つまり,自然災害の対策の一つとして,子どもたちをはじめ人権に関する啓発や普及活動もこのジュネーブが中心となっていると考えることができる。後述する日本政府やISDRによるSide EventにもUN/OCHAやILOに所属する人たちから活動の鍵となるような意見や論議がなされた。なお,国連では複数の会議が開かれており大会議場ではILOの総会が開催される直前であった（写真4-30）。

ISDRのGlobal Platform First Sessionでも多くのキーポイントとなる意見や発表はやはり日本に期待されていた。例えば,初日の全体会議のなかで,HFAを指針とした活動では,最初に井戸兵庫県知事からスピーチがあった。このなかで,知事は兵庫県南部地震の教訓をもとに現在の兵庫県の災害対策がどのようであるかについてだけでなく,これからの国際的な防災に対する兵庫県の貢献や取り組みについても紹介された（写真4-31）。ここでは,兵庫県南部地震を例に,大規模災害時や災害復興について,国連レベルの国家的な協力体制から,倒壊家屋の近隣の人たちによる救出事例の地域レベルまで紹介され,次に述べるIRPへの具体的な出資金や,防災に関する国際的な施設を集積した神戸市東部の新区画地域まで配付資料を用いて説明された。

写真4-30　国連会議場

写真4-31　ISDRプラットホーム

4　国際的な防災戦略と中越沖地震

また，この会議への日本の大きな貢献として，内閣府や兵庫県，アジア防災センターなど日本の機関も主要構成機関の一員となっているInternational Recovery Platform（国際復興支援プラットフォーム：以後IRPと称する）がSide Eventを開催したことがあげられる。IRPは，HFAを推進するために2005年に設立され，とくに災害からの復興に関する国際的な知識の集約・ネットワークとして機能することや人材の育成等によりHFAの戦略目標を達成することをめざしている。今回のSide Eventは，日本政府とISDR事務局との共同スポンサーによるものであり，復興の重要性を普及するために今回のGlobal Platform参加者に，よりすぐれた復興への活性を与えるIRPの役割やその活動を掌握してもらうこと，参加国や国際機関の潜在的な貢献や協力を授与することを目的とした（IRP, 2007）。このSide Eventでは，ISDR事務局の代理としてのUN/OCHAやSAARC（南アジア地域協力連合）Disaster Management Centerの事務局など，4名がキースピーカーとなった。このなかで，ESDとかかわって重要な内容であるととらえられるのは，効果的な災害復興の運営が十分知られていないこと，さまざまなレベルでの災害への備えが必要であること，復興のためには，住宅，インフラ，生計，健康，教育，心理社会的なケアなど全体的な取組みが必要であること，環境問題を総合した持続が重要なこと，女性や子ども，高齢者，ハンディキャップをもった人たちへの対応などを含めて取り組むことなどが論議されたことである。これらのことは，バングラデシュ，パキスタン，スリランカ，インドなど世界的に見ても最も被害状況の大きいSAARCからの報告にも含まれていたが，ここで示された内容は次節で述べる日本の中越沖地震時での復興にも関係することであった。

（4）学校安全と防災

　今回のGlobal Platformで，さらに注目されるのは，「災害リスク軽減のための教育と地域におけるリスクに対するより安全な学校構築」をテーマとする一つの部会がもたれたことである。この部会の設定は，テーマに沿って，先述したようなHFAの優先行動3．に則った，国や地域での災害削減事業の実行に

焦点を当て，災害リスク削減のための先行的な教育活動や学校カリキュラムなどの情報交換が目的とされた。また，この部会での審議は「国連持続可能な開発のための教育の10年」の推進に貢献することも期待されていた。予定されていた論議の主な内容は「学校コミュニティーや安全な学校を構築するにあたって，災害リスクを削減するための活動を推進する方法」「学校での災害削減を目指したカリキュラムのガイドラインを作成する方法」「災害リスク削減の例を紹介したり取り入れたりするなど教育イベントやESDの活動に災害リスク削減を取り込む方法」「災害リスク削減のための教育の国際会議を組織するための機会，展望」などである。

この分科会では，「学校安全」「学校教育」「コミュニティーを基盤とした教育」「市民啓発とメディア」を主題として，それぞれ，イランと日本，マダガスカルとドイツ，ベトナム，アメリカとパナマからキースピーカーとして報告がなされ，それにもとづいた議論がなされた。海外からの内容としては，地震の被害が多いイランでの取組み，例えば国民のリテラシーを高めるための市民啓発や学校教育でのテキストなどが報告された。また，ベトナムからマングローブ消失と関連した水害が地域へ大きな損失を与えることへの対策が紹介された。赤十字からの取組みとして，アメリカでは学校での災害への対策が報告されていた。ドイツ，マダガスカルからは，大学教育における防災の取組みが紹介されが，ここでは簡単にふれておくだけにとどめておく。

日本からの報告としては，筆者が学校安全として，自然災害に関する知識・スキル習得のための学校教育カリキュラムの現状と課題，教員研修の現状と取組みとして，独立行政法人教育研修センターで実施されている全国的規模の実践，都道府県レベルの教育委員会・教育センターでの実施状況等を紹介した。また，自然災害発生時における学校安全の方法，避難所となった場合の運営，学校教員の役割，学校と大学とのパートナーシップの構築についての現状と課題を示した。とくに1995年兵庫県南部地震や2004年新潟・福島豪雨や同年の中越地震の事例から考察・分析を行った（写真4-32）。

これらの報告内容は，先のHFAにおける優先行動の3.（iii）「教育とトレー

写真4-32 セッションでの講演

ニング」に関連した内容での先進的具体例と言っても過言ではない。つまり，表4-2（h）の内容としては，現在の日本において，自然災害に関連した防災・減災教育のために，児童・生徒に対して育みたい内容や教育方法は，総合的な学習の時間やESDのねらいや目的と大きくかかわっており，学校教育だけでなく，学校が地域と連携して進める必要性が具体的に示された。当然ながら，（j）として，日本において，学校教育のカリキュラムのなかで自然災害はどのように取り扱われており，どこに課題があるかも明確に示された。

さらに，（k）と関連して，全国的な自然災害・防災に関する教員研修の例を2007（平成19）年5月30日から6月1日に教員研修センターが主催として東京で実施された内容が示された。学校教員に対する研修システムを地域では，都道府県単位で教育委員会や教育センターが担当しており，フィールドワークを伴ったこれらの現職教員研修は日本独自のものとも考えられる。実際に海外においても，災害が生じたとき，被災地でボランティア活動などが展開される。これらは，NPOや赤十字など既存の団体が自身の活動目的と照合して行われることが多く，この分科会でもそのような報告は見られた。しかし，新潟水害や中越地震のときのように，学校教員が避難所となった自分の勤務校で復興に取り組んだり，大学がボランティアを組織し，被災地の学校を支援したりした例はほかの国では見られなかった。とくに，この分科会では，災害時に被害を受けやすい児童・生徒たちに対して，どのように支援するかは多くの国や地域からの問題提示などはあったが，災害時の教員の対応について検討したり，小学校に大学生を派遣したりする取組みは日本独自のものと示すことができた。

このセッションでは，日本の先端的な自然災害への対応の状況が注目されたといっても過言ではない。ただ，経済や科学技術の発展した先進国での自然災害復興という認識が強かったようである。また，震災後の物理的な復興だけで

なく，学校においては，とくに子どもたちが被災者となるため，精神的なフォローについても多くの参加者は認識しているようであった。これは，日本のような先進国だけでなく，開発途上国でも同じ課題である。

(5) ESDの観点からとらえた中越沖地震における学校の役割

上述のようにジュネーブでの会議において，各国の災害におけるさまざまな被害状況とその対応等の実例を学んだ。しかし，皮肉なことに，ISDRのPlatform First Session終了の約1カ月後，2007（平成19）年7月16日に中越沖地震が発生した。そこで，中越沖地震への対応，とくに学校に対する支援を中心とした取組みをHFAの実践例として検討・分析する。最初に中越沖地震発生後の被災地域での避難所における学校の役割について考察したい。

柏崎市や刈羽村等の中越地域や上越地域の一部の小・中・高等学校では，地震の翌日から休校を余儀なくされた。そして1週間後の23日に，短縮された時間内での終業式を経て，すぐに夏休みに入った学校が，柏崎市や刈羽村では大多数であった。また，学校そのものは大きな被害が受けなかったとしても，水道，ガス，電気などのライフラインなど周辺地域での被害が大きく，学校が震災直後から避難所や炊き出し所となったり，浴場が設営されたりしたところも多かった（写真4-33）。

柏崎市など被災地の学校では，地震発生時は祝日（海の日）であったにもかかわらず，学校長はじめ多数の教職員は学校に集まった。学校は災害時に地域住民の避難場所と指定されていることが多い。被害の大きかった柏崎市域の学校では，体育館などが避難所となった。一般に学校が避難所となった場合，行政の対応が整うまで学校長が避難所長を務め，教職員は全体の奉仕者として避難所の運営などにも協力することになる。ただ，3年前の中越地震や能登半島地震等

写真4-33 避難所の仮設浴場

の教訓が活かされていたためか，被災地での行政や自衛隊等の対応は早かったといえる。例えば，柏崎市内の被害の大きかった地域の小学校では，16日午後には自衛隊が訪問していた。また，行政の避難所の設置も同様に早かった。そのため，避難所の運営等については，12年前の兵庫県南部地震に比べ，教職員の負担は格段に少なくなっていたといえる。しかし，教職員のなかには，自宅が全壊もしくは半壊等大きな損傷を受けていたにもかかわらず，学校に出勤し，業務にあたっている場合も少なくなかった。

　教職員の対応としては，学校全体での体制として，地震発生直後から，クラスの児童やその保護者など家庭の被害状況を把握することが必要になる。しかし，電話が不通になっているため，直接，担任が家庭訪問を行うケースも多い。当然ながら，学校長は教職員の被害状況や動向を掌握する。また，校内の教職員で修復が可能なところは，休校中に復旧活動に取り組む。例えば，ものが倒れたり，壊れたりしたものの撤去，清掃作業等があげられる。図書館などの倒れた本棚や散乱した図書の整理にも時間が割かれる。危険箇所で修復不可能なものは注意書きを貼ったり，ビニールシートを覆ったりすることも教員の仕事となったところが多い。これらは，2004（平成16）年の中越地震時においても，十日町市の被害があった小学校での教職員の対応と同様である。

　しかし，学校においては，校舎や物品などの物理的な修復よりも，子どもたちの精神的なケアが重要な課題となることが多い。そのために，まず担任を中心として，子どもたちの様子について保護者とも連絡を取りながら，注意深く見守る必要がある。衝撃が大きかった場合，学校外の専門家に頼らざるをえないこともある。そこまで，心のダメージが大きくなかったとしても，子どもたちに安心感をもたせたり，気を紛らわせたりするために，例年であれば夏休みである期間中でも教職員が特別教室を開催したり，学校のプール開放を行ったりしているところも多く見られた。

　上越教育大学は，中越沖地震の発生後，同大学に設置されていた災害支援室を中心として，学校への支援活動の具体的な検討を始めた。大規模災害発生時の学校支援に対する大学の組織的な体制として，2004（平成16年）中越地震

後，すぐに指針が出され，被害の大きかった十日町市や小千谷市の小学校に支援を行うという実績があった。

今回の地震後にも学校を中心とした支援のシステムは継続されていた。まず，大学の災害支援室と柏崎市教育委員会学校教育課との間で具体的な学校支援の方法，つまりボランティア活動を行う大学生の派遣が検討された。大学災害支援室の呼びかけにより，同市教育委員会学校教育課から上越教育大学の支援内容とその方法などが同市の校長会に連絡・周知され，校長会の事務局が各学校からの窓口となって支援依頼内容を掌握することになった。校長会事務局は，その内容を上越教育大学の支援室に送信する。これを受け，当大学では学生のボランティアを募集し，その派遣の調整，連絡を行う。ボランティア学生は，大学のスクールバス等で現地に到着し，依頼のあった活動に取り組む（写真4-34）。大学に依頼された内容は一部，清掃・運搬活動など物理的な支援もあったが，大部分は登校した児童の学習支援やレクリエーション活動，プール監視，など直接子どもたちとかかわることであった。つまり，教育大学である学生の特色が生かされた支援活動であったといえる。

写真4-34　市内の小学校での支援活動

なお，今回の中越沖地震において，本学支援室に支援依頼をした学校は6校であり，それらの学校が立地する周辺地域の被害がそれだけ大きかったといえる。実際6校のうち5校の体育館が避難所となっており，そのうち1校は近くのコミュニティセンターが避難所となっていた。

(6) HFAからとらえた地域の大規模災害への対応

中越沖地震に対しての学校防災や学校教育の課題については，前に述べたようなHFAのなかで，優先行動として，採択された5テーマのうちの一つである「3.（全てのレベルにおいて，安全と災害への対応の文化を築くための，知識，

技術革新，教育を用いる）」で，(ii)「教育とトレーニング」に記されている，具体的な内容が（h）から（m）までの6項目とかかわっている。これらは，Global Platform for Disaster Risk Reduction First session で考察した内容と大きく関連が深い。そこで，ほかの優先行動の観点から今回の地震時の活動の意義と今後の課題についてふれたい。なお，項目番号，記号はすべてHFA (United Nations,2007 a) に対応させている。

1. (iii) コミュニティーの参加，(h) の中に「ネットワークの促進，ボランティア人材の戦略的管理，役割と責任の特定，必要な機関や資金の委託や供給を通じて，災害リスクの軽減へのコミュニティーの参加を促進する。」への取組みが示されている。学校は指定されたように避難所の役割を担ったが，兵庫県南部地震時のように学校教員が中心に対応しなくても，今回の中越沖地震時には，行政や自衛隊，NPO等の組織的な運営が展開されていた。例えば，避難所の浴場の設営は自衛隊により，炊出所については，自衛隊やNPO，が担当しているところが多かった。また，新潟県などの行政の職員によって水やおにぎり等の配給が行なわれていたが，ボランティアがそれらを支援している場合も見られた。避難所では，子どもたちを対象におやつが配れるところもあったが，これに地元の中学生が手伝っているところもあった。

2002（平成14）年にヨハネスブルグ会議での，ESDの実施計画では，その第37項のなかで，「防災，減災，備え，対応，復興などを含む，脆弱性，リスク，計画，災害管理に取り組むための総合的，多角的なハザード対応アプローチは，21世紀におけるより安全な世界の構築に不可欠な要素である」と要請しており，活動としてはISDRを支援している。

日本においてのESD実施計画においては，子どもたちの地域への参画が述べられている。しかし，子どもたちは必ずしも，地域によって守られるだけではない。逆に地域に対して貢献する場合がある。例えば，中越地震時では，避難所での清掃活動，避難所や地域の人たちへの合唱活動などが報告された。また，避難所においては，子どもたちの元気な活動が大人たちを励ますことが多い。さらに，地域と学校とのイベントについて，継続的な活動によって，教員

や保護者等に好影響を与えた例も報告されている。手紙など他地域に対しても被災地に精神的な支援は可能である（写真4-35）。本稿で紹介したような避難所での中学生の支援活動もある。

HAFのⅢ．優先行動2005-2015年には，A.一般的考慮として，「(e) 災害リスク削減のための計画を立てる時には，

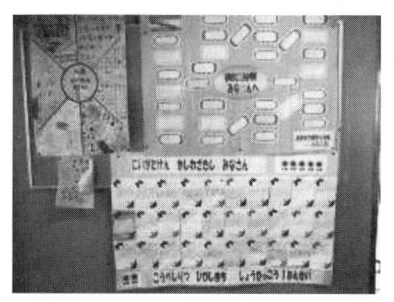

写真4-35　神戸市の小学生からの手紙

文化的多様性，年齢，脆弱な集団が適切に考慮されるべきである。」とあげられている。これらは，日本では，とくに開発途上国のなかで自然災害が発生したときに，考えられる内容ととらえられがちである。しかし，日本や先進諸国においても中越沖地震等の例で述べてきたように被害者の特徴に応じて，今後一層対策を考える必要がある。

2007年度のUNICEF（国連児童基金）の配布ポスターに見られるように，国際的には，災害発生時は女性や子どもたちが大きな被害を受けることが多いといえる。しかし，中越沖地震での被害者は12名となり，そのうち10名が70歳を超える。日本海側の高齢化が進む地域の特色と見ることができるかもしれないが，自然災害時においては，社会的に弱者が大きな被害を受けることには，どの地域であっても同様であることが考えられる。

中越沖地震では，子どもたちの犠牲者はなかったといえ，大きな地震を体験したことにより，精神的に大きな影響を受けたといえる。状況によっては，「心的外傷後ストレス障害（Posttraumatic Stress Disorder: PTSD）」が危惧されることもある。そのために，避難後，各小学校，特に避難所においては，新潟県から「新潟県中越沖地震を体験した子どものこころのケアについて」についてのパンフが設置された。このパンフでは，被災後のこころの健康に関する電話相談に，毎日，専門家が相談に応じることが記され，その専用電話番号やフリーダイヤルも記載されていた。

地震後の子どもたちへの配慮から，各学校とも夏休みであるにもかかわら

ず，開校してさまざまな対応をしており，上越教育大学への各学校からの支援依頼もこの点が中心であった。当然ながら，「心のケア」については学生の支援だけでは限界があるが，地震体験後の子どもたちに学生がかかわったことにはなんらかの意義があったことが期待できる。それが，どのような具体的な効果があったのかは今後の検討課題である。

いずれにしても実際に地震のような大規模な自然災害が生じた場合，想定される被害への対応だけでは不十分なことが考えられる。そのためにも，各学校の危機管理や学校安全等への対策は，他地域や他校で生じた災害の実例から教訓として学ぶ必要が認められる。

(7) 今後の課題

近年，日本各地において，地震をはじめ自然災害へのさまざまな対策が見られる。しかし，太平洋側と日本海側では，HFAで記されているところの地域的な文化の差があるのも事実である。地方では，大都市部で喫緊の課題として取り組まれている対策について，遅れがちな点もある。地域のなかでも，とくに学校や児童・生徒の被害が大きかったり，そこでの対応に追われたりするなど，今後の対策が急がれている。

国際的には，自然災害時の犠牲者は女性，子どもに多いとも認識されている。子どもに対しては，「心のケア」も不可欠である。その場合，学校は教員や友人など，多くの人たちが集まる点で大きな心の支えになる可能性がある。今回のような学校が夏期休暇中であっても多くの学校が開校していたのは，その点で意義があった。ただ，そのための教員の役割にも限界があるのも事実である。学校や教員へのサポート体制は，教育委員会だけでなく地域としてもとらえる必要がある。しかし，行政の対応が整いはじめても，避難所が学校内にあったり，学校が地域の子どもたちの拠り所であったりする現状を考えると，日本の場合，今後も学校教員の負担が激減することはあまり期待できないかもしれない。

さらに中越沖地震で被害を受けた地域で，女性教員のなかには自分の子ども

の世話を見る必要があったり，妊娠中の状況でありながら，避難所となった学校に勤務している場合があった。そのため，子どもだけでなく，HFAのなかで述べられている災害時の女性の課題やジェンダーの問題についても新たな事例として検討していく必要がある。また，繰り返し紹介しながら，その対策については論考しなかったが，中越地震，能登半島地震，そして今回の中越沖地震と高齢者の被害が目立っている。本稿では，この問題については深く掘り下げなかったが今後の日本の課題である。

　児童・生徒への安全対策等について，日本の学校教育はさまざまな蓄積をもっているといえる。さらに今後も，地域の学校との連携を重視する教育大学として，災害時の学校支援を働きかけていくかは大きな課題であり（藤岡，2005），また期待されているところであろう。

　本章では，国際的な背景として，ISDRやHFAの展開についても紹介してきた。そのなかで，日本は2005（平成17年）1月から9回目の国連安全保障理事会の非常任理事国となったことも無視できない。国連の目的とする平和と安全への活動に対し，日本の貢献のあり方は今後も論議されることが多いと考えられる。そのなかで，自然災害に対する防災や減災については，位置する自然環境やこれまでの自然災害に対する歴史的経過から日本の大きな貢献が期待される。また，それと関連して，ESDについても，日本から国連に提唱して全会一致で採択されたものであるため，日本での取組みや発信が国際的にも注目されていると述べても決して過言ではない。

　自然災害に対する防災・減災に対する取組みについても，ほかの環境問題と同様に，"Think Globally, Act Locally"の観点が不可欠であるといえる。

参考文献
十日町市博物館『織物生産工程』1983年，十日町市博物館友の会
西脇新次郎編『越後のちぢみ』1970年，綾玄社
十日町市博物館『図説越後アンギン』1994年，十日町市博物館友の会
滝沢秀一『アンギンと窯神さま』1990年，国書刊行社
菅谷博昭・大久保裕美『苧』2001年，奥会津書房
尾関清子『縄文の衣』1996年，学生社

竹内純子『草木布Ⅰ』1995年，法政大学出版局
藤岡達也編著『環境教育からみた自然災害・自然景観』2007年，協同出版，210p.
藤岡達也（2005）「地学教育の観点からとらえた自然災害時におけるボランティア活動および教育大学の役割について―平成16年「7・13新潟水害」を事例として―」『地学教育』，58号，pp.157-163
藤岡達也（2006a）「自然災害に関する防災・減災教育と環境教育」『環境教育』，Vol.16-1．pp.32-38
北岡伸一『国連の政治力学』2007年，中央公論新社，302p.
United Nations（2007a），*Hyogo Framework for Action 2005-2015 Building the Resilience of nations and Communities to Disasters*, United Nations International Strategy for Disaster Reduction,Geneva, pp.1-22.
United Nations（2007b），*Global Platform for Disaster Risk Reduction*, pp.2-16.
UN/ISDR（2007），*United Nations Documents Related to Disaster Reduction 2003-2005*, 617p.

コラム 　　　　　平成16年「7.13 新潟水害」

　新潟県内の自然災害として，洪水や破堤による被害，つまり，水害も無視することができない。近年の新潟県内の代表的な水害として2004（平成16）年7月13日，集中豪雨により，新潟県三条市，見附市周辺に大きな被害が生じたことがあげられる。この水害では，破堤などによる浸水によって死者15名，床上浸水4012棟，床下浸水2万2403棟など大きな被害が生じた。なお，この水害は，気象庁や内閣府などで，正式には「平成16年7月新潟・福島豪雨」と名づけられているが，新潟県では，三条市や見附市での被害が大きかったため，「7.13新潟水害」と呼ばれている。

　被害の大きかった三条市内の浸水範囲を考えると，五十嵐川南側が広い範囲で浸水被害地域となった。五十嵐川は，三条市内では，東側から西側に流れ信濃川に注ぐ。国土地理院2万5千分の1の地形図から読み取ると浸水範囲の大部分が五十嵐川の左岸（南側）であり，この主な原因は三条市曲渕付近の堤防が破壊したためである。

　集中豪雨によって，増水し，流速を増した河川の水は，蛇行部において，曲がり切れず，外側の堤防を破壊することになる。ちょうど，車やバイクが高速で走っていた時，カーブを曲がり切れずに，対向車線に出たり，ガードレールにぶつかったりするのと同じメカニズムである。一般に蛇行部のカーブの外側では流速が早く，堤防の斜面を侵食し（攻撃斜面と呼ぶ），内側では，外側に比べて流速が遅いため，堆積作用がはたらくことが多い（このように河川のカーブした内側に砂礫などが堆積してできた地形をポイントバーと呼ぶ）。

　増水時での河川水の高さは，橋に流された流木の状況からも推測できる。一般に橋が早い水の流れによって，壊されたり，流されたりするのは，このような上流から運搬された木材が，橋にひっかかり，水の抵抗が大きくなるためである。

　浸水被害にあった地域では，路上に駐車していた車に残された水の跡や小学校での浸水時の水位，懸濁水による影響は廊下や壁に残された痕跡から読み取ることができる。浸水したあとの教室内の状況からも浸水時の水位の高さを黒板に残された痕跡から推測することができる。ここでは，長時間，水に浸かっていたた

橋にひっかかった流木

水没の跡が残る車　　　　黒板に残された痕跡

め，床木が膨張し，写真のような形状を残している。

　なお，三条市を流れる五十嵐川右岸にも浸水地域が見られるが，新潟日報事業社による7月14日の航空写真からも破堤の跡が見られず，そのような報告もないため，この地域は溢水および内水による浸水と考えられる。とくに後者の影響が大きかったと推測できる。

　ここで，内水被害について簡単に説明する。集中豪雨のため，五十嵐川の水位が上昇し，日常であれば，本川の五十嵐川に流れ込んでいる支川や水路の水が，流れ込めなくなってしまった。そこで，行き場がなくなった支川や水路の水が，商店街や道路に溢れ出して被害が生じたと考えられる。近年の都市域においては，河川の破堤による被害（外水と呼ばれている）よりも，むしろ，排水用の地下放水路の水が溢れる内水被害のほうが大きくなっている。これは，アスファルトやコンクリート化した道路から短時間に排水溝に流れるためである。

　新潟県内においても都市化が進むと，内水被害が大きくなる可能性が高くなる。

第5章
ESD教材としての新潟県北部地域の河川

① 新潟水俣病と阿賀野川

　阿賀野川（図5-1）は，福島・群馬・新潟の3県にまたがり，流域面積7710km²，流路延長210kmに及ぶ日本有数の河川である。福島県側では阿賀川と呼ばれている。源流は福島・栃木県境の荒海山に発しているが，猪苗代湖や尾瀬沼も水源とし，1年間に流れる水の量は約130億m³（馬下基準点）となる。流域では，豊富な水量を生かした水力発電がさかんで，発電所数は58カ所にのぼり，最大出力は約217万kwで，日本の水力発電量の8％を占めている。新潟県内の流域は，県境から五泉市馬下までの山間部では舟下りがあったり，河口までの平野部では河川公園等が整備されたりし，雄大な流れは人々に親しまれている。

　歴史的には，舟運として会津藩等内陸と海岸沿いを結ぶ交通路ともなっていた。とくに鉄道輸送が始まるまでは，阿賀野川は，舟運路として重要な河川であった。また，台風などによる降雨増水で，下流域で大きな洪水を引き起こすこともあった。ひとたび荒れれば恐ろしいが，人々は，魚介類を獲ったり砂利細石を採ったりして，生活の舞台として阿賀

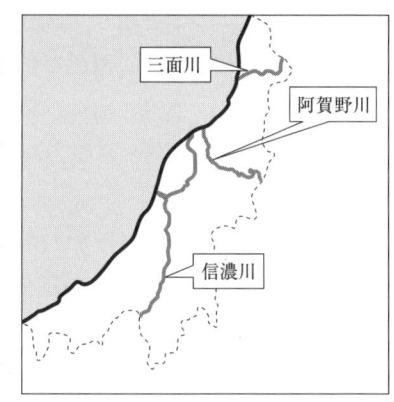

図5-1　新潟県における阿賀野川の位置

野川と深い関係性を維持してきた。

　人々と関係性を保ってきた阿賀野川がその関係性を断ち切られたのは，近代化による水質汚染である。戦後日本における高度経済成長期の工業化が推し進められるなかで，阿賀野川はその汚水捨て場となった。工場から排出された有機水銀を含む廃液によって汚染された魚介類を食した人々が，原因不明の神経疾患で次々に倒れていった。有機水銀中毒を発症し，新潟水俣病が引き起こされたのである。

　新潟水俣病問題が，阿賀野川の河川環境にどのような影響を与え，それを乗り越える努力を人々がどのように行ってきたのか，また，教育として，公害や新潟水俣病をどのように扱ってきたのか，ここで考察する。なお，これらの経緯を簡単に年表として表5-1にまとめている。

（1）阿賀野川の水質汚染と新潟水俣病の経緯

　阿賀野川を汚染し，その魚介類を死滅させ，流域の人々を有機水銀中毒に陥れた物質は，昭和電工鹿瀬工場（当時は昭和合成化学工業）の工場廃液に混じったメチル水銀化合物である。これは，1950～1960年代に需要が急増していたアセトアルデヒドを生成する過程で生じるものである。このアセトアルデヒドは中間製品となり，そこから酢酸や酢酸ビニルが製造される。これらがアセテート繊維やビニロンとなり，昭和20年代から30年代にかけて日本の繊維工業を発展させたといえる。現在でもアセトアルデヒドから合成される酢酸は，繊維，香料，医薬，食品添加物，電子材料など幅広く利用されている。また，酢酸エチルは，接着材料，塗料，印刷インキの用材など生活のなかで広く利用されている。

　電気化学方式による，アセトアルデヒドからつくられる酢酸，酢酸ビニル生産は，戦後の高度経済成長期に石油化学方式に転換されるまでの間，有機合成化学工業の中心であった。1950年代半ばに入ると，安価な外国製品に対抗し国際競争力を高めるため，化学工業はいかに早く石油化学方式に転換できるかが重要となった。国は石油化計画を策定し国策として石油化を推し進めた。昭

表 5-1 新潟水俣病に関する年表

年　月	事　項
1929 年	昭和肥料鹿瀬工場，カーバイト，石炭，窒素等の生産開始
1936 年 3 月	昭和合成化学工業鹿瀬工場，水銀等を触媒にしてアセトアルデヒドの生産開始
1951 年	昭和 26 年度版「学習指導要領・社会科編」（試案）
1956 年 5 月	**水俣病公式発見**
1957 年 5 月	昭和電工，鹿瀬工場のアセトアルデヒドの生産設備を増強
1958 年	昭和 33 年度版「学習指導要領」（社会）
1959 年 1 月	鹿瀬工場のカーバイド残滓捨場崩壊，阿賀野川へ流入　河口まで大量の魚が死滅　阿賀野川漁連に 2400 万円補償
1964 年 11 月	新潟市の住民，原因不明の神経疾患で新潟大学（以下：新大）附属病院に入院
1965 年 1 月	昭和電工鹿瀬工場アセトアルデヒド生産停止　製造工程図を焼却，製造プラントを撤去
5 月	**新潟水俣病発生の公式確認**　※公式発表日は 6 月 12 日
	新大の二教授，「原因不明の水銀中毒患者が阿賀野川下流沿岸部に散発」と報告
6 月	新大二教授と県の衛生部長「原因は阿賀野川の魚と推定される」と記者会見
6 月	阿賀野川下流（横雲橋下流）魚介類採捕規制，9 月に食用規制に切り替わる
7 月	県衛生部，阿賀野川産川魚の販売禁止の行政指導実施　関係漁協に見舞金支給
8 月	新潟県民主団体水俣病対策会議の結成（後の共闘会議）
12 月	新潟県診査会設置，開催　患者 20 人内 5 人死亡，水銀保有者 9 人確認
12 月	阿賀野川有機水銀中毒被災者の会の正式結成（後の被災者の会）
1966 年 5 月	新大滝沢助教授，「鹿瀬工場排水口の水苔からメチル水銀を検出」と報告
6 月	昭和電工，農薬説を発表し工場排水説に反論
1967 年 4 月	厚生省特別研究班，新潟水銀中毒は第 2 の水俣病と結論づける報告書提出
6 月	**新潟水俣病第 1 次訴訟提訴**　患者 13 人，昭和電工，慰謝料，新潟地裁
7 月	公害対策基本法成立
1968 年	昭和 43 年度版「学習指導要領」（社会）
1968 年 5 月	チッソ水俣工場，アセトアルデヒド生産中止
9 月	水俣病についての**政府統一見解発表**
	・新潟は昭和電工のメチル水銀化合物を含む排水が中毒の基盤
	・熊本はチッソのメチル水銀化合物が原因
1969 年 6 月	熊本水俣病 1 次訴訟　112 人，チッソ，慰謝料，熊本地裁に提訴
12 月	公害健康被害救済特別措置法（旧法）公布　下流一帯が水俣病の公害地域に指定
12 月	厚生省，病名を「水俣病」と指定
1970 年 1 月	新潟水俣病共闘会議を結成
2 月	新潟県と新潟市，認定審査会を共同設置，開催
1971 年 7 月	環境庁発足
8 月	環境庁，熊本・鹿児島両県の棄却処分の取消裁決。いずれかの症状があれば水俣病とする事務次官通知を通達
9 月	**新潟水俣病第 1 次訴訟判決**，原告勝訴，確定
1973 年 1 月	熊本水俣病第 2 次訴訟　141 人，チッソ，慰謝料，熊本地裁
3 月	熊本水俣病第 1 次訴訟判決，原告勝訴，確定
6 月	被災者の会，共闘会議，昭和電工との間で**「新潟水俣病問題に関する協定書」**調印　水俣市長ら
10 月	「水俣病」の病名変更陳情
10 月	公害健康被害補償法（新法）公布
1974 年以降	**大量の未認定患者の問題**（飯島）
1977 年	昭和 52 年度版「学習指導要領」（社会）
1977 年 7 月	環境庁，水俣病の認定基準に「症状の組合せ論」導入
1978 年 3 月	**阿賀野川安全宣言**　4 月に大型魚食用規制全面解除
1979 年 3 月	熊本水俣病第 2 次訴訟判決，原告勝訴，双方控訴

年月	事項
1980年 5月	熊本水俣病第3次訴訟　85人，国県チッソ，国家賠償等請求訴訟，熊本地裁
1982年 5月	新潟水俣病被害者の会結成
6月	**新潟水俣病第2次訴訟提訴** 未認定患者94名（第8陣まで234人），国と昭和電工，慰謝料，新潟地裁
1985年 8月	熊本水俣病第2次訴訟控訴審判決　原告4人勝訴，1人棄却，確定
1986年 7月	特別医療事業施行（新潟県は適用されず）
1987年 3月	熊本水俣病第3次訴訟第1陣判決，原告勝訴，双方控訴
1989年	平成元年度版「学習指導要領」（社会）
1990年 9月	東京訴訟で東京地裁和解勧告
10月	政府見解「現時点で和解勧告に応じることは困難」
1992年 2月	熊本水俣病東京訴訟判決　42人に損害賠償，国県の責任は否認，原告控訴
3月	**新潟水俣病第2次訴訟第1陣判決** 提訴後認定された3人を除く91人中88人について水俣病罹患を認めたが，国の責任は否定　昭和電工，原告全員控訴
5月	環境庁「水俣病総合対策」実施要領，6月に新潟県が水俣病総合対策実施要綱を発表
1993年 3月	熊本水俣病第3次訴訟第2陣判決　原告勝訴　双方控訴
11月	京都訴訟判決　46人中33人に損害賠償，国県の責任認める，原告被告双方控訴
1994年 7月	関西訴訟判決　60人中42人に損害賠償，国県の責任は否認原告，チッソ控訴
1995年 9月	連立与党，熊本水俣病について未認定患者救済の最終解決案を正式決定（被害者団体受け入れ）
12月	被害者の会・共闘会議と昭和電工，解決協定を締結
12月	政府「水俣病対策について」閣議決定　総理大臣，水俣病問題の解決にあたっての談話発表
1996年 1月	新潟県，水俣病総合対策医療事業の申請受付再開（7/1まで）
2月	新潟水俣病第2次訴訟第1陣，東京高裁で和解成立 新潟水俣病第2次訴訟第2～8陣，新潟地裁で和解成立
5月	熊本水俣病第3次訴訟第1陣及び福岡熊本東京都の訴訟は，チッソと和解成立し，国熊本県に対する訴え取り下げ
6月	関西訴訟原告団，行政責任を問うため訴訟継続を確認
1997年 5月	被害者の会「新潟水俣病被害者の会　環境賞」を創設
1998年	平成10年度版「学習指導要領」（社会）
1999年 5月	新潟水俣病の教訓を活かした事業「環境再生啓発施設整備」基本計画書を策定
2000年 4月	「新潟県立環境と人間のふれあい館」建築工事着工
2001年 4月	熊本水俣病関西訴訟控訴審判決　51人に損害賠償，国県の責任を認定，認定基準に新たな判断が示され，国県が上告
8月	「新潟県立環境と人間のふれあい館」開館 ※2003年から「新潟水俣病資料館」の名称併記
2002年 3月	新潟県「新潟水俣病のあらまし」，小学校教育副読本「未来へ語りついで～新潟水俣病が教えてくれたもの～」を発行
2004年10月	**熊本水俣病関西訴訟の最高裁判決** 未認定患者の多くを水俣病患者と認め，行政の加害責任を認める判決
2005年 4月	環境省「今後の水俣病対策について」公表
6月	新潟県知事，新潟水俣病40年にあたり「ふるさとの環境づくり宣言」発表
10月	新潟県「新保健手帳」受付再開
2006年 9月	「水俣病問題にかかわる懇談会」提言書を提出

（新潟県「新潟水俣病のあらまし」を中心に，以下の文献を参考に筆者が作成したもの）
『新版　新潟水俣病問題』（飯島伸子，舩橋晴俊編著）東信堂2006，新潟水俣病ガイドブックⅡ『阿賀の流れに』（新潟水俣病共闘会議）2002.10，『平成18年度　環境白書』（環境庁編）2006.05

和電工やチッソなど各化学企業は，この石油化国策のもと，石油化学工業化のための大規模な設備投資を行った。このような状況を背景に，昭和電工鹿瀬工場は，1936（昭和11）年からアセトアルデヒドの生産を始め，1965（昭和40）年1月に生産停止するまで，旧来の設備を最大稼働させたのである。

1950～1960年代は経済活動を優先させる風潮が強く，環境保全や公害の未然防止に対する意識が低かった。そのため，昭和電工鹿瀬工場でも十分な排水対策が講じられず，アセトアルデヒド製造工程で副生されたメチル水銀は処理されずに阿賀野川へ放出された。先ほど述べた化学工業の石油化の影響で，1959（昭和34）年頃から昭和電工鹿瀬工場ではアセトアルデヒド製造を急増させている。そのため阿賀野川に排出されたメチル水銀化合物量も年々増加していったと考えられる。

当時，流域の人々は，有機水銀汚染についてどのようにとらえていたのであろうか。1959（昭和34）年1月に，昭和電工の「毒水事件」と呼ばれる大事件が起きている。1月2日午後11時過ぎ，昭和電工鹿瀬工場のカーバイド残滓捨場が突然崩壊し，残渣が大量に阿賀野川に流れ込んだのである。その結果，阿賀野川に魚がいなくなると思われるほど大量の魚が浮き上がったといわれる。「死んだ魚は食べないように。」とのラジオ放送があったが，「はらわたさえ取れば食べてもよい。」と修正され，下流の人々は大量の魚をリヤカーなどで運び，食したといわれている。この事件をきっかけに，有機水銀の有害性が人々の間で意識されればよかったのであるが，事態はそのようにはならなかった。

熊本では，1956（昭和31）年5月，水俣病の公式確認がなされた。しかし，その後の国内における対応はどうだったのか，その教訓は新潟に生かされたのか考察する。

まず，熊本水俣病について簡単にふれておく。原因究明において，厚生省は1957（昭和32）年3月「現在最も疑われているのは，水俣湾の魚介類の摂食による中毒で，汚染物質はある種の化学物質ないしは金属類であると推測される。」と報告した。そこで熊本県は食品衛生法を適用し，魚捕獲などを禁じる方針を固め，厚生省に連絡したが，同法を適用できないという回答がなされ

た。1959（昭和34）年11月の水俣食中毒対策に関する各省連絡会議の答申では，「主因はある種の有機水銀化合物である。」にとどまり，発生源についてはふれられなかった。そのような状況のなかで，チッソと漁業組合の漁業補償問題では，「将来原因がチッソでも新たな補償金要求を一切行わない。」という，いわゆる見舞金契約が締結された。この時点で水俣地域では水俣病問題は曖昧なまま終息しそうな流れであったといえる。

新潟において，水俣湾の事例を生かせたのは，初期の対応であったといわれる。1965（昭和40）年5月，新潟大学の二人の教授等が，患者発生を県に報告すると，新潟県はすぐに有機水銀中毒研究本部を設置し，新潟大学と協力して阿賀野川下流域住民の健康調査を実施した。また同年9月に設置された厚生省特別研究班は，原因は昭和電工の排水である旨を省に提出した。1968（昭和43）年9月に政府統一見解が発表され，新潟は「昭和電工のメチル水銀化合物を含んだ排水が中毒の基盤」と発表された。新潟水俣病の場合，初期対応として早く行われた下流住民健康調査などにより，正確な実態把握が可能になった。また，妊娠可能な女性に受胎調節指導を行い，胎児性水俣病の発生をおさえることができたといわれている。しかし，それらの対応について，評価をされる一方で，被害を受けた「女性や胎児に対する人権侵害」であったとの指摘もある。

新潟では，患者団体の原因追及が早い段階から行われた。その理由について飯島（2006）は，「加害者に対する抗議行動へと駆り立てたのは，二度までも水俣病の悲劇を作り出した政府や企業に対する激しい怒りであり，国家と大企業によるこのような不正義を，被害者として明らかにしたいという思いだったのだ。」と述べている。また，「しっかりとした支援組織が早い時点で作られていたことから，新潟水俣病の患者や家族，そして遺族たちは，昭和電工に対する怒りをそのまま行動に移すことができたのである。」と結論づけている。

この裁判は，のちの四大公害訴訟の先陣を切ってスタートした。以後，被害者住民に勝訴をもたらし，日本国内の公害訴訟の進展に大きな影響を与えた。この判決は，原因に昭和電工の工場廃液説を採用し，企業の過失を認め，賠償

額を固定した一律請求が正当であるとした。しかし，賠償額が請求の半分しか認められないなど問題を残した。昭和電工は控訴を放棄したため，交渉が行われ，補償協定が結ばれた。この第1次訴訟は，日本で初めての本格的な公害訴訟として世論の注目を集め，その後の公害裁判のモデルとなり，公害問題および被害者運動の歴史に大きな影響を与えた。

　しかし，結果として，認定制度の問題が残った。認定審査会による新規患者認定数の抑制という反応が引き起こされた。この後20数年にわたって問題化する未認定患者を巡る問題の始まりである。未認定患者の行政不服審査請求が棄却される事態の背景には，1971（昭和46）年，環境庁「疑わしきは救済する」事務次官通知の方針から，1978（昭和53）年の「蓋然性が高いと判断される場合」と門を狭くする方針転換があった。

　1982（昭和57）年6月，先ほどの行政不服審査請求棄却された人たちが，認定基準の誤りを指摘し，第2の水俣病発生を防げなかった国の責任，被害者の早期救済を求めて提訴した。この裁判は長期にわたるものとなり，第1審判決まで10年，政治解決まで13年半という時間がかかった。第1審判決が1992（平成4）年3月に出され，91人中88人を水俣病罹患と認め，総額5億円超の損害賠償は認めたが，国の責任は認めなかった。この結果に原告被告とも控訴し，長期化していった。

　そのような閉塞状況のなか，これ以上長引かせるわけにはいかないという政治判断で，1995（平成7）年9月，政府・与党3党から最終解決案が示された。新潟水俣病関係3団体は，「苦渋の選択」ということで昭和電工との自主交渉による「解決協定」を，同年12月11日締結したのである。

　ここで，解決協定後の被害者の取組みを環境教育的な観点からとらえてみたい。まず，新潟水俣環境賞／新潟水俣環境賞作文コンクールの実施があげられる。「新潟水俣病被害者の会」は，水俣病の悲劇を繰り返さないこと，人にやさしい社会をつくるため，環境保全や再生，人と自然の共生をめざす活動や研究に寄与することを願い，1997（平成9）年に「新潟水俣環境賞」を設け，表彰，助成を行っている。また，次代を担う子どもたちが環境に関心をもつこと

写真5-1 新潟水俣病現地調査の様子
(2006.09.30 筆者撮影)

が大切であるという考え方にもとづき，小中学生を対象とした「新潟水俣環境賞作文コンクール」を1999（平成11）年から実施している。

次に，新潟水俣病現地調査をあげることができる。これは，新潟水俣病共闘会議が主催して毎年行われている（写真5-1）。新潟水俣病の経緯，現在の状況，残された課題などを学習する機会となっている。また，ここでは被害者と直接会って話を聞いたり，現地調査を通したりして，新潟水俣病は終わっていないことを広く県民，国民に訴える機会となっている。

1992（平成4）年から行われていた新潟県の医療事業の申請受付は1995（平成7）年3月に締め切られたが，政府の1995（平成7）年12月の閣議了解を受けて，1996（平成8）年1月から同年7月1日まで再開された。また新潟県は，1993（平成5）年度より健康管理事業を実施している。2005（平成17）年には，4月の環境省「今後の水俣病対策について」を受けて，新潟県は10月から新保健手帳の受付を再開した。

ここで，新潟水俣病の教訓を生かす事業についても見ていきたい。1995（平成7）年，患者団体と昭和電工で締結された協定「昭和電工は地域の再生・振興に参加・協力する趣旨から，新潟県に対し2億5000万円を寄付する」により，新潟県は「新潟水俣病の教訓を生かす事業」に取り組んだ。その事業として，2001（平成13）年，福島潟に「新潟県立環境と人間のふれあい館」を建設した。2003年には館の名称に「新潟水俣病資料館」の名称が併記された。この施設は，新潟水俣病の実態を後世に伝えるとともに，広く水環境について学習できる構成になっている。

また，新潟県は，2002（平成14）年3月に，新潟水俣病に関する書籍「新潟水俣病のあらまし」と小学校教育副読本「未来へ語りついで～新潟水俣病が教

えてくれたもの〜」を出版した。「未来へ語りついで」については，県内全小学校に配布した。

さらに，新潟県では，2005（平成17）年に新潟水俣病の公式確認40年を迎え，6月に県知事が「ふるさとの環境づくり宣言」を発表した。そのなかでは水俣病を未来への教訓として生かし，取組みを行っていく旨が方針として出された。

(2) 教育の観点からみた新潟水俣病問題

前節において，新潟水俣病の経緯について概観した。次に，教育における新潟水俣病の扱われ方を考察したあと，新潟水俣病を教訓に生かす教育の取組みの視点について述べていくことにする。

戦後の教育の方針として，学習指導要領が策定されることとなった。1951（昭和26）年度学習指導要領までは試案であり，現在の法制化されたものとは少し異なっている（以下において，小学校学習指導要領（社会）第5学年について，省略して「昭和26年度版」のように表記する）。

昭和26年度版が発表された1951（昭和26）年段階では，水質汚染が公害として広く社会生活を脅かすという認識はまだない時代である。学習指導要領の記載を見ると，科学の発達，産業方法の改良によって合理的で余裕のある生活を営める様子が現れている。水質汚染や公害といった表現はみられない。

昭和33年度版には，「工業の著しい発達は（省略）人口の分布，農林水産業などにも大きな変化と影響を与えた。」とあり，「科学の進歩や産業の発達」の成果は，「国民全体の福祉のために役立てようとすることがたいせつである。」とある。高度経済成長期に，工業化による成果を日本中が実感しており，実際に経験した工業化の影響を広くとらえるようになったことがうかがえる。しかし，その利益は国民全体の福祉向上のためにという表現であり，工業化の負の面である環境破壊についての具体的記述はない。同時期の1956（昭和31）年5月には，九州水俣湾沿岸で水俣病公式発見となっている。その後の原因究明に時間がかかり，水俣湾沿岸では有機水銀中毒被害が拡大していた。科学の進歩

や産業の発達を教えていたころ，公害被害が進んでいたのである。

　昭和43年度版に，公害という表現が現れる。このころの社会情勢を見ると，1965（昭和40）年に新潟水俣病が公式発表され，第3，第4の水俣病やほかの公害が起きるのではないかと，公害列島として日本中が戦慄していた時期である。そのような社会状況の影響を受けて，社会科の工業化の学習で公害学習を取り上げられたととらえることができる。その記述を詳しく見ると，2内容の(5)で，「産業の発展，国土の開発とともに，日本の社会にはみんなの協力や計画的な方法で解決しなければならない問題も生じている」との記述のあとに，「産業などによる各種の公害から国民の健康や生活環境を守る」ことが「きわめて大切」であり，「具体的事例によって理解」するよう記述されている。さらに，ほかの開発に関連した問題も，「計画的な解決が重要であることを考えること」とある。産業の発展や開発によって生じた公害を中心とする諸問題を，教育で扱うことをはっきりと述べていると理解できる。

　昭和52年度版になると，わが国の工業についての理解のなかで，工業地域の分布や新技術の開発，資源の有効利用，国民生活のうえでの工業製品生産の大切さといった内容の一つとして，「各種の公害から国民の健康や生活環境を守ることが極めて大切であること」と記載されている。「公害」が日本の工業の発達における，特徴，現状，課題の1項目として取り上げられているといえる。

　平成元年度版では，52年度版と比べ，わが国の工業のなかの1項目として取り上げられている点は変わりない。ただしその表現は，「また，各種の公害から国民の健康や生活環境を守ることが大切であることを考えること。」とあり，今まであった「きわめて（大切）」という表現がなくなっている。文末が「理解すること」から「考えること」に変化している。このことから，学習指導要領において求められる内容が，若干軽く薄くなった印象を受ける。

　平成10年度版では，公害を扱う項目がかわった。それまでは，「我が国の工業」の項目のなかであったのに対し，ここでは，「我が国の国土の自然や環境」の項目のなかとなった。さらに，「公害から国民の健康や生活環境を守ること

の大切さ」という表現になり,「各種の（公害）」という表現がなくなり,別の項目では,「大気の汚染,水質の汚濁などの中から具体的事例を選択して取り上げること。」となっている。水俣病問題だけでなく,四大公害についてそれらが選択されて取り上げられればよいことになっている。5年社会科において四大公害すべてについて学習しなくてもよい状況が生じたのである。

　以上みてきたように,公害にかかわる学習は,学習指導要領においては,その時代の状況を受け,量や質を変化させながら扱われてきたといえる。また,昭和43年度版以降,年代が下るに従ってその扱いが表面的になってきていることが懸念される。

　2005（平成17）年度より使用されている現行教科書において,公害や水俣病の記述がどうなっているかを検討した。現行教科書は平成10年度版（平成15年一部改訂）学習指導要領に準拠して作成されたものである。ということは,大気汚染だけで,水質汚濁としての水俣病や四大公害について記載のない教科書が現れる可能性がある。5年生社会科の3学期時数が26時間として,そのうち13〜15時間程度が「国土の自然」の単元に充てられている。その約半分の4〜7時間が公害を含んだ小単元となる。水俣病を中心に据え,単元を構成している教科書は2社で,それ以外の3社は,それぞれ北九州の汚染対策,琵琶湖の汚染対策,全国3カ所の汚染対策で構成されている。この3社の教科書のなかでは,水俣病という言葉にはとりあえずふれているが,それを扱う時数はほぼ1時間である。子どもたちは,環境問題については学習したが,水俣病を学んだとは思わないであろう。このように,教科書は平成10年度版の影響を受け,環境問題を広く扱うようになったが,産業発達の影としての公害の発生やそこでの人々の苦しみは十分に扱っているとはいえない。

　ここで,新潟県の実践についてもふれてみる。近年,新潟水俣病を題材とした小学校の実践がある。やはり2002（平成14）年度から創設された「総合的な学習の時間」の影響が大きい。もう一点の特徴は,人権教育や同和学習から取り上げる視点がみられることである。「総合的な学習の時間」が始まり,ねらいの一つに,自己の生き方について考えることがあるためと考えられる。

また，側面的効果であるが，「新潟県立環境と人間のふれあい館―新潟水俣病資料館―」の存在である。前節で述べたが，同館は2001（平成13）年8月に開館している。新潟水俣病に関する資料展示だけでなく，広く，人間と環境のよりよいかかわりを考えるために福島潟につくられた。同館を利用し，単元での学習を深めている実践が見受けられる。

　同館の利用状況についてもふれてみたい。同館は新潟水俣病と教育の関係を考える際，地理的位置も学習内容も拠点となる施設である。

　利用状況は，表5-2に示した。平成17年度入館者総数が前年より若干増加しているのは，17年度に，「新潟水俣病40年記念事業『阿賀ルネサンス』」が行われたためである。また，全体をみたとき，入館者総数の1割弱を学校関係の入館利用が占めていることがわかる。

　次に，図5-2から，年間の利用状況について考察する。学校関係の利用人数は，入館全体の月別総数とは一致せず，6月，11月，2～3月に利用が多くなる傾向がある。学校の事情から考えると，校内の他の学校行事との関係，年度当初の学校・学年の計画により，これらの時期に来館していると推測される。小学校の学習内容に関連して考えると，6月は，「総合的な学習の時間」などの水環境学習の動機づけとして，あるいは気候がよいことから調査活動の一環として来館していることが予想される。11月は，学習の深まりとともに生じた具体的な疑問に対する解決の場の一つとして来館していることが考えられる。2～3月の利用は，「総合的な学習の時間」などの水環境学習のまとめとし

表5-2　環境と人間のふれあい館　入館利用状況

		平成16年度	平成17年度	平成18年度
入館者総数　（人）		35,509	36,181	29,147
来館児童生徒数　（人）		3,214	3,200	2,533
来館学校数（校）	小学校	40	53	20
	中学校	13	16	19
	高等学校	4	4	6
	大学	7	8	2

（平成16～18年度　環境と人間のふれあい館「入館利用情報速報（平成18年度は12月現在の数値）」より筆者作成）

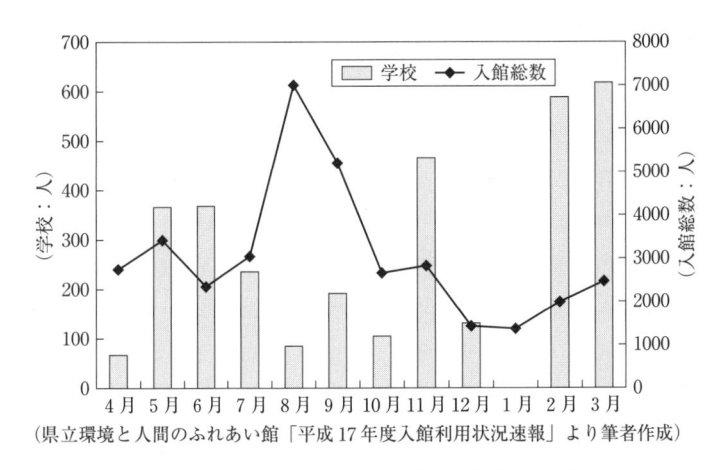

図5-2 月別入館総数と学校利用数の比較（平成17年度）
（県立環境と人間のふれあい館「平成17年度入館利用状況速報」より筆者作成）

て，もしくは5年生社会の公害学習の確かめとして利用していると考えられる。

次に，館の入館目的や学習目的について，図5-3より校種別に検討する。これは2006（平成18）年度12月現在までの資料である。小学校においては，利用目的が「水環境学習」の場合が多いことがわかる。また，「施設見学」の入館が25％を占めているので，さまざまな理由で来館していることが推測される。中学校では，「水俣病学習」「水俣病／水環境学習」で全体の90％弱を占

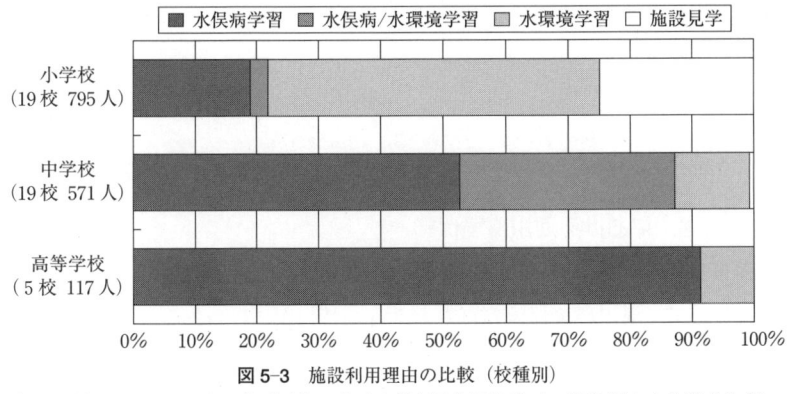

図5-3 施設利用理由の比較（校種別）
（県立環境と人間のふれあい館「平成18年度入館利用状況速報（12月現在）」より筆者作成）

1 新潟水俣病と阿賀野川

め，学習目的をはっきりさせて来館していることがわかる。「水環境学習」が少ない点は，小学校と対照的である。

　高等学校においては，「水俣病学習」で来館し，映画視聴や語り部口演を選択している。高等学校1校の来館人数が3～38人であることから，少人数で来館し，明確な学習目的や疑問をもって語り部との学習等を行っていると考えられる。高等学校の来館数が，4～12月で117人なので，一般には授業で公害関連の内容が取り上げることは少なく，公害関係学習をすると目的がはっきりした場合，授業の一部として来館していると予想される。

　館の利用方法の一つに出張授業がある。「出張語り部」と呼ばれるもので，来館できない学校や施設に語り部や職員が直接出向き，口演や授業を行う。2006（平成18）年度の出張授業として，加茂市内の高等学校796人（7月），上越市内の小学校50人（11月）に語り部口演が行われている。加茂市内の高等学校で約800人が語り部口演を聴いていることから，距離や聴衆人数などの条件の合わない地域の学習に効果を上げるといえる。上越市内の小学校では，事前学習のまとめとして出張語り部口演を行い，その後，学習参観日に学習のまとめを行うことで，学習内容の理解を深めている。

　以上の考察から，教育現場では，2001（平成13）年に開館した県立環境と人間のふれあい館－新潟水俣病資料館－の展示，学習プログラム，出張語り部等を生かして，学習していることが明らかとなった。なお，「出張語り部」の学習形態の効果等についても考えることができる。

② 持続可能な開発としての「種川」の発想と三面川

（1）三面川における河川環境保護

　三面川は新潟県の県北を流れる川である（写真5-2）。三面川は，下流域の村上において，河川環境保護の点から大きな特色があげられる。それは，一言でいえば，かつて鮭という魚の増殖のための河川環境保護が徹底して行われたということである。歴史的時間の流れのなかで，鮭という水産物を巡って，普

写真5-2　三面川 　　　　　　　　　写真5-3　イヨボヤ会館

請といった実際の河川周辺の整備に限らず，村上藩の規則や漁業組織，流通形態に色濃い影響を与え，また鮭についての村上の人々の特別な意識まで反映しているのである。

このような社会や時間，人々の意識に深く根を下ろす村上三面川の鮭を中心とした河川保護の仕組みについて，その成立や実態とともに，「持続可能な開発」の点から考察する。

なお，村上市には鮭のみを取り扱った国内唯一といえる博物館「イヨボヤ会館」（写真5-3）が存在しており，ここで鮭の生態や文化を学ぶことができる。また，三面川は1988（昭和63）年から1992（平成4）年にかけて当時の建設省河川局が全国の河川から選定した「ふるさとの川モデル事業整備計画」にも認定されており，多自然型工法を取り入れた河川でもある。

(2) 河川保護と「種川の制」

鮭という水産物のための河川保護が特徴的に現れたものとして，村上三面川における「種川の制」があげられる。この仕組みの概略について，イヨボヤ会館の展示文を次に示す。

　「青砥武平次（正徳3年から天明8年1713～1788）は，三面川に遡上するサケの保護増殖を図るための河川整備に尽くした第一人者です。

　当時，三面川ではサケの漁獲が年々減少し不漁のため入札が中止された年もありました。村上藩では，往年のようにサケが多くとれるようにするに

は，どうすればよいか困っていました。この時，殖産事業の一つとして，積極的にサケの保護増殖を提言したのが武平次であったといわれています。

武平次は，三面川にサケが産卵するのに適した分流を設け，そこにサケを導き，産卵させて育て，春に本流に返してやる方法を考案しました。

藩では武平次の考えをとり入れ，30年以上にわたる川普請を続け，サケの保護増殖のための「種川」を完成させました。その結果，サケが年ごとに多くとれるようになり，藩財政を支える運上金も，千両以上になった年もあったことが記録されています。

武平次が考案し，村上藩がつくった「種川の制」は，当時の世界水産史上に見られない資源保護思想に基づく画期的な保護増殖システムでした。」

ここで，運上金について説明する。運上金の制度とは，その年の鮭の漁業権を入札にし，最高額で落札した者がその金額を納める仕組みである。入札は，範囲を決めた運上川で毎年秋，村上町大年寄の責任で行う。最高額をつけた入札者がその年の大納屋になって鮭漁を行い，落札額を運上金として，大年寄を通じて村上藩に納入することになっている。

次に，ここに登場する青砥武平次とはどのような人物であったのかを考察する。現在，一般に語られている青砥武平次の姿のもととなっているものとして，1991（明治24）年の大日本水産会報告第百五号に掲載された「青砥武平次氏之伝」（鈴木1995）がある。そのなかの関係箇所の概要を掲載する。

「武平次は殖産に志があった。年々鮭が三面川を遡るのを見て，鮭は卵を淡水に産下し，孵化すると海中に入り，成長すればまた淡水を遡って放卵することに気付いた。そのことを唱え，数年構想論究し，ついに心に得る所があったので藩主に建議した。藩主は理解しその方法を実施するよう命じた。

武平次はこの時から水産を興すことを自分の任とした。苦労をしながら，宝暦中に御境という漁業の区域を定めた。御境の下流で分流している流れの一つに，村上藩は柵をして魚が遡上できなくした。底は細礫で，鮭は産卵のための穴掘りによかったのでそこで放卵した。放卵を終えた母魚は五，六日たってから漁獲した。この仕組みを種川といった。御境と河口は，鮭の遡上

期にすべて漁獲禁止にした。こうして数年たつと魚は数倍に捕れるようになり，官の収納もよくなり，人々の中でもうける者も出てきた。藩主はこのことを賞して，明和三年に七十石を賜った。五万石の村上藩にあって，これは最も特異なことだった。」

現在，イヨボヤ会館の青砥武平次に関する説明もほぼこの内容を表したものとなっている。

ここで，江戸時代の村上藩における鮭の漁獲量がどれくらいになっていたのか考察し，上記の史料「青砥武平次氏之伝」と合致するのか比較する。図5-4は，鈴木（1995）と村上市史（1999）の資料よりグラフ化したものである。これは，記録に残る運上金の推移であって，鮭の漁獲量を直接表すものではない。また，長期にわたるものなので，読み取る際には物価の変化も考慮する必要がある。

これを見ると，青砥武平次が生きたとされる1713年から1788年では，運上金0両から400両の幅で推移し，50歳間近の1760年頃は300両台に回復している。また，彼が没した直後から急上昇し800両から1000両の大台にいたっている。そのため，人々がこの回復を実感をもって語り継いでいったことが容易に想像できる。青砥武平次の業績といえるような取組みが行われ成果を上げたこ

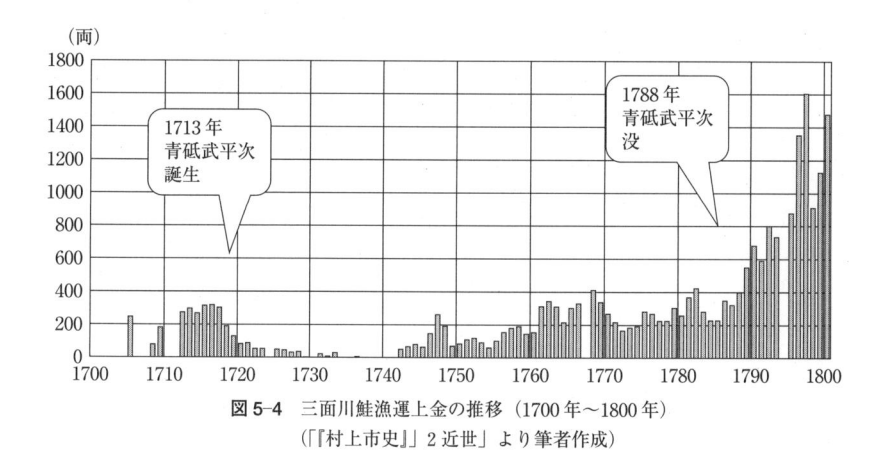

図5-4 三面川鮭漁運上金の推移（1700年〜1800年）
（「『村上市史』」2近世」より筆者作成）

② 持続可能な開発としての「種川」の発想と三面川　137

とが，この鮭漁獲量の回復向上を通した運上金の推移から想像できる。

(3)「種川の制」の成立時期について

ところが「種川の制」の全体像を直接示す史料，青砥武平次の功績だとする直接の史料が，村上にほとんど見あたらないといわれている。前節で述べた青砥武平次の功績によるとされる種川の制を示す史料について，鈴木（1995）は次のように述べている。

「現在見ることの出来る明治以前の資料では，それを裏付けるものはありません。明治以後のものとしては，藤基神社境内の「村上種川碑」や「越佐名流遺芳」などに記されているだけで，その他のものはそれからの焼き直しと考えられます。」

これらの史料の文面，内容が，どのような歴史史料をふまえて書かれたのか口伝なのか不明だというのである。鈴木は，入手した史料から，種川の制の成立について次のように推察している。

「種川の制というのは，今の言葉で云えば鮭の資源保護のために，村上藩がとった制度です。しかし，藩の条々のように，成文化したものではなかったと考えてよいようです。厖大な村上町年行事文書の中にもそれらしいものは見当たりません。ですから種川の制というのは村上藩がとっていた鮭の資源確保のための色々の方策を，後人がそのように唱えたものではないかと思います。」

推察の理由として次のように述べている。

「御留川の制度が定められたのは，明治年代に書かれた「枢要録」という記録に「享保三年　枝川ノ内　留川の区域ヲ定メ　現今の種川也　他人の捕魚ヲ止メ　領主の御成場ヲ設ケ」とありますので，間部詮房侯の時代のこととなります。このお留川が，後に種川と称するようになるのです。」

また，種川の制の成立の時期については次のようにまとめている。

「綜理公（信敦）が藩主になったのが天明元年（1781）ですから，それ以降と考えていいでしょう。」

種川の制の成立を明らかにするうえで重要な史料が，村上ではなく隣接山形県の鶴岡市に存在する。山形県鶴岡市の「宇治家文書」のなかに残されていた。これは出羽国庄内藩の城下・鶴岡町の大庄屋だった宇治勘助が，寛政9年に藩に提出した「越後国村上御領之内下戸川与申有之鮭漁連年繁昌ニ相成候仕法聞繕候趣左ニ申上候」と題された献策書である。題中の下戸川とは，現在の三面川の下流域の呼称である。その現代語訳（山口和子）を以下に引用する。

　「越後の国に下戸川（三面川流域の旧称・訳者注）という川があり，ここでは鮭漁が毎年盛んでございます。どういう方法をとっているのか調べてまいりましたので，左のようにご報告申し上げます。

　この川の鮭漁の運上金は五十年ぐらい前までは十七両二分ほどで，それでも請負人が損を出すこともございましたが，青砥武平次というお役人の工夫で御留川という方法を始めましたところ，その後は，次第に鮭がたくさん獲れるようになり，三十年ほど前（注・明和四〈1767〉年ごろ）には，三十〜四十両くらいの運上金になり，ますます鮭漁の稼ぎが多くなった由でございます。

　この方法を種川といいますが，それはこの川は，どの場所でも石底の川ですので，鮭が子を産卵する川の瀬に毎年適所を選んで，川幅の三分の一ほどに長さ三十間または五十間くらいの場所に杭を打って生柴や藤蔓などで水が流れ易いように囲い，川下は鮭が入り易いように開けておきます。そのようにすることを種川と称して御留川に指定して番人をおいております。そして春三月になって鮭の子が川を下る季節には川漁を一切禁じておりますので，ますます鮭がたくさんになって由でございます。昔から言い伝えられております，その川で生まれた鮭は，その川に入ってくるというのは間違いないことのようでございます。この種川の方法のおかげで，十四〜十五年来この川に上ってくる鮭は大変多くなったとのことで，年々運上金も増えて昨年は千三百両余りになり，今年は千六百両ぐらいの落札価格になつと聞いており，大変役に立っている川であるとのことでございます。

　右のように越後の国に種川という方法を採っている川があることを以前か

ら聞いておりましたので，手紙も出し，なおまた村上領の人にも三～四人会って，以上の方法の話を詳細に聞いて，川絵図なども見て参りましたので，差し出がましいようではございますが，最上川や赤川で鮭漁をしている者のなかから選んで，この種川の法を真似てやってもらい，三～四年も試行してみて，鮭が年々たくさん獲れるようになれば，将来は有益なことになると思います。聞いて参りました種川の法の詳細な内容を口上書を以て申し上げます。

　寛政九〈1797〉年九月　宇治勘助

　右を町奉行書へ差し出したところ，お当番竹内八郎衛門様へ取り次いで下さいまして，留め置いて下さいました後，十月になって納屋元である三日町の治兵衛という者に，この方法を試すよう話してくださいまして，万事よろしく指図した旨をおっしゃっていただきました。」

　高橋（2004）はこの史料を分析し，そこに記載された鮭川運上金の金額が，ほかの当時の史料（「村上町年行事所日記」）からも裏づけることができ，種川制度のありさまについて正確な情報を伝えていると述べている。

　そこで，前掲書（鈴木1995，村上市史）で確認すると，寛政8,9年の村上藩の運上金額は，宇治勘助の記載と一致していた。当時の状況について正確に伝えていると考えられる。

　内容について詳しくみると，役人青砥武平次が，種川といわれる御留川の方法を始めたこと，鮭幼魚が川を下る3月に川漁を一切禁じたことで鮭の漁獲量が増えたこと，昔からいわれるようにその川で生まれた鮭はその川に入ってくることは間違いないことの3点を確認することができる。青砥武平次と御留川の制，種川という呼称の存在，鮭の母川回帰性ということが，寛政9年段階でのこの地域の一般的な理解であったことを読み取ることができる。高橋（2003）はこの点について，「そしてこの史料から，どんなに遅くとも寛政九年までには，村上藩で鮭の増殖を意図した仕法が実施されており，それが種川と呼ばれていたことが明らかとなる。」と述べている。

　また高橋（2004）は，村上町年行事所日記の，春に鮭の子を捕るなと命じた

天明4年の触書や，禁止の夜漁を行っていた者が町組衆によって取り押さえられた記録などから，「〈夜漁〉の取締も〈ざっこすくい〉の取締も天明期に本格的に着手されていることから，村上藩では天明期が鮭の資源保全が意識される画期に当たっていたことを確認できよう。種川制度はこのような政策の延長線上に，天明～寛政期（1781～1800）に生み出されたものと考えて間違いあるまい。」と種川の制の成立期を推定している。

以上の考察から，種川の制は，1781年～1800年の天明・寛政期に成立したことを確認することができる。

(4)「種川の制」と青砥武平次の関係について

前節では種川の制の成立について，確認できる史料と関係する藩の命令施策から推定を行った。しかし青砥武平次の名がほとんど出てこなかった。(2)でみたとおり，現在よく語られている青砥武平次が，種川の制にどのような影響を及ぼしたのか検討する。

鈴木（1995）の指摘によれば，鮭川に関して青砥武平次の名前が出てくるのはほとんど稀で，磯辺順軒の「記事別集」に，上流漁民と村上町漁師の争いが1774（安永3）年，幕府評定書に出された際，藩命で出府したことの記載があること，枢要録には，その裁定で村上勝訴の功により村上藩から銀三枚を与えられたとの記録があるだけであるという。なぜそれまで史料に現れなかった青砥武平次の名前がこの時期に記載されるのか，という疑問が出てくる。鈴木（1995）はこれらの点について以下のような考察を行っている。

「調べた結果，武平次は村上藩の三条陣屋に勤務していた時期が長かったようだ。村上町年行事所文書と磯部順軒の記事別集に，安永三年の江戸出府以外，武平次の名前がまったく記載されないのはこのためと考えられる。武平次は延享二～三年に三冊の本を著している。この本の存在より，郷村方の役人としては抜群の力をもっていといえる。それで宝暦十三年に三条代官役となり，明和三年に七十石に昇進している。三条陣屋は実高五万三千五百余石を支配し，また中之口川の堤防普請や三潟方面の湛水地帯の処理などこな

さなければならない重責であった。私は武平次の昇進は三条勤役中の功労によるものと考える。そのような切れ者だったので，公料漁民との争いで江戸への出府を命ぜられたと考える。」

このような考察から，ここでもう少し補足したい。それは，青砥武平次という優秀な者が藩役人にいるうちに，何がなんでも上流公料漁民との境目をはっきりさせ鮭の漁業権を勝ち取らねばならないと，村上藩が考えたのではないかということである。そう考えると，先ほどの疑問に答えることができる。高橋（2004）は，この点の見解について，公料漁民との訴訟で，青砥武平次は町方の者との急速濃密な打合せを行った際に，種川の制の構想にかかわった可能性があると指摘している。

以上からまとめると，青砥武平次が種川の制を直接考え，藩に建議したことを指し示す史料はないが，その学者的力量，当時の役職，上流漁民との訴訟での対応，荘内藩宇治勘助の献策書の記述などから見て，種川の制の構想にかなりの影響を及ぼしていたと結論づけることができる。

(5) 鮭資源保護の意識の芽生えと鮭の回帰性への着目の歴史的経緯

本節(3)では，村上において種川の制が成立した時期について考察を行った。村上藩において種川の制として鮭増産にまつわる河川環境保全が形成される以前からも，鮭の利用価値について知った人々は，鮭漁の仕方や河川を遡ってくる鮭の性質などに注目し，より多く捕獲することを願っていたことは容易に想像できる。そのような鮭の母川回帰性と資源保護としての意識の芽生えはいつごろからあったのであろうか。次に，鮭の母川回帰性について検討する。なお，以下で検討の対象とする史料を年代順に整理した表5-3に掲げておく。

以下は表5-3のNo.1，1619（元和5）年，鶴牛山下録という写本に布部村の横山氏にあった制札を写したと記してあるものである。

表5-3 鮭の増産にかかわる意識の芽生え,鮭の回帰性の着目に関する年表

No.	年代	史料・文献	内　容	掲載資料
1	1619年(元和5)	鶴牛山下録	鮭の幼魚捕獲禁止の制札	鈴木 p. 30
2	1718年(享保3)	枢要録	枝川の内,今の種川となる留川の区域を定め他のものが魚を捕れない領主の御成場を設け	鈴木 p. 31
3	1749年(寛延2)	岩手県津軽石川の浦廻り四ヶ浦の口上書	時刻を分けることによる漁獲と産卵の規制,小川の堰に幼魚を導入した一種の種川制度であった。	佐藤 p. 23
4	1750年(寛延3)	善助の覚書	請負人茂助が持網漁をしていたところ,川筋村々のもの数百人が来て,杭やみさら流した。	鈴木 p. 38
5	1751年(宝暦1)		三面川下流の鮭漁の一漁場の立関の普請が7月500人12月470人の人足で行われている。	市史 p. 292
6	1753年(宝暦3)11月		11月の立関の工事は660人の人足(護岸用の蛇籠に詰める石等の記述)	市史 p. 292
7	1759年(宝暦9)	善助の覚書	請負人宇左衛門が持網漁をしていたところ,川上の村々数十艘に乗り込み,打杭やみさらを流し,狩小屋に火を掛け焼き払った…	鈴木 p. 36
8	1772年(明和9)	大年寄あて注進書	岩沢村伝次郎ら3.40艘の舟でやってきて杭を抜きみさらを流し存分に漁をしていった。打ち殺されそうな様子だったので,小屋の隅に隠れ,言われたとおり手出しをしなかった。朝見たら杭60本,みさら70枚ほど流された。	鈴木 pp. 39-40
9	1773年(安永2)	順軒記事	村上藩,御堰に立て札「普請所運上川へ村々の者入り込み漁猟いたすべからず」さらに触書「近年ことのほかわがままになり　御運上場へ害を致し,役人が重要な場所だから小屋がけするなといったのにきかず,大勢できて杭みさらを切り流したので,今年は興屋境に番所を立てた」「9月上旬武平次ら数名を江戸へ送った」	鈴木 pp. 41-42
10	1773年(安永2)	口上書御願申上候事	(岩澤村他3か村が村上町を訴える)	鈴木 p. 43
11	1775年(安永4)正月	枢要録	(状況を表す文と判決文)	鈴木 pp. 43-47
12	1775年(安永4)8月	枢要録	青砥武平次にも褒美銀3枚	鈴木 p. 50
13	1784年(天明4)	村上町年行事所日記	鮭の幼魚を捕ってはならない	高橋 p. 132
14	1786年(天明6)	村上町年行事所日記	夜漁の禁止	高橋 p. 133
15	1796年(寛政7)	村上町年行事所日記	より詳細にざっこすくい禁止子どもでも捕ってはならない	高橋 p. 132

② 持続可能な開発としての「種川」の発想と三面川　　143

| 16 | 1797年
(寛政9) | 宇治家之記 | 庄内藩でも種川仕法をやってみたらどうでしょうか。 | 横川
pp. 110-112 |
| 17 | 1836年
(天保7) | 北越雪譜 | 我が国の鮭は，この子を産むために大河を遡ってくる。 | 鈴木 p. 36 |

鈴木鉀三『三面川の鮭の歴史』財団法人イヨボヤの里開発公社　1995.11
佐藤重勝「サケ―つくる漁業への挑戦」岩波新書1986.12
高橋美貴「近世における『漁政』の展開と資源保全―18世紀末から19世紀を展望して―」日本史
　　研究会『日本史研究』501　2004.05
横川　健「三面川の鮭」朝日新聞社2005.2
村上市　『村上市史』「通史編1　原始・古代・中世」「通史編2　近世」1999.02

　「御領分々の川ニテ　鮭の子を取申儀　堅法度ニ候　相背取申者見付　注進申来候モノニ　御ほうびトシテ　銀子壱枚可被遣候条　可得其意者也　依下知如件

　　　　元和五年二月廿日　　　　　　　　　堀　主　膳
　　　　　　　　　布　部　村　　　　　　　　　　　　　」

　これから，鈴木（1995）は，1619（元和5）年段階で，すでに鮭幼魚保護を村上藩が意識していたと指摘している。続く史料がないので藩の政策の連続性でみることはできないのであるが，村上藩の役人と実際に漁をする漁師の間にこのような考え方があったことが十分想像できる。

　次に，表5-3のNo.2，1718年の枢要録は以下の内容となる。
　「享保三年　枝川の内　留川ノ区域ヲ定メ現今ノ種川也　他人の捕魚ヲ止メ　領主ノ御成場ヲ設ケ」

　鈴木（1983）は，漁師から御留川での鮭の産卵の様子を聞いた役人はようやく鮭の習性の一端を知り，それによって今までは殿様の慰みの漁場として漁師を入れなかった御留川が，鮭の産卵の場として注目されることになったと考えを示している。

　このあと1750年ごろになると，上流村民が頻繁に村上領内の御境，運上場に下ってきて鮭を乱獲し，杭やみさらといった設備を破壊する被害が出ている。1772年の大年寄あて注進書（表5-3のNo.8）では「言われたとおり手出しをせず隠れておりました」といった内容がうかがえる。それが1773年の順軒記事（表5-3のNo.9）では，村上藩が突然強攻策をとり，「普請所運上川で

村々の者は漁をするな」という立て札を立てた。その結果岩沢村が幕府評定書に訴え出て裁判となった。その後，青砥武平次の出府による村上勝訴となり，村上藩の正当性が認められたと考えることができる。

　1775年の幕府評定書での判決後，ほかからの妨害が入らなくなった後，運上金は200両〜300両の間で安定していることが表5-4からわかる。その後，高橋（2004）が指摘するように，村上藩は1784（天明4）年から鮭保護育成の施策を示していくのである。1784年の鮭幼魚捕獲禁止令（表5-3のNo.13），2年後1786年の夜漁の禁止措置（表5-3のNo.14）が行われた。相次いだ政策のあと，運上金が300両台から700両台に上昇するのである。さらに1796年，より詳細なざっこすくい禁止の徹底（表5-3のNo.15）が図られると，800両から1500両の間の変化となる。これだけ施策の効果がはっきりすれば，官民とも納得できる様子が十分想像できる。

　この1784〜1795年の一連の施策より，村上藩は鮭の母川回帰性を確かに把握し，河川保護を高い意識で最優先させたといえる。

　さて，種川の制の広がり，鮭に関する河川保護の広がりをとらえることにする。佐藤（1986）の指摘をまとめて以下に示す。

「岩手県の津軽石川では，時刻を分けることによる漁獲と産卵の規制，小川の堰に幼魚を導入した保護（種川の制の一種といえる）を行っていたことが，浦廻り四ヶ浦の口上書（1749寛延2年）からわかる。ということは，この口上書が出される以前から，すでにこの制度が実施されていたといえる。」

1749年が岩手気仙沼とすると，1797年には，先ほどの宇治勘助の文書から荘内藩が種川の制に着手したことになる。また，1836年の北越雪譜によれば，作者の鈴木牧之が漁師に聞いた話という以下の話が掲載されている。

「越後の鮭は初秋に北海を出て，千曲川と阿加川という二つの大河をさかのぼる。これは卵を産もうとするためである。（中略）千曲川と魚野川が合流する川口というところから砂に小石が交じるので，ここからが子を産むところとなる。流れが急でない清流に産む。（中略）春になると大きくなって三寸あまりになる。これは，絶対に捕ってはならないことになっている。こ

の鮭の子が，雪解け水とともに海に入る。(中略) 牧之は思うのだが，寒いとき捕れた魚而（はららご）と男魚の精子を混ぜて，鮭の住む川の砂や石に包み，瓶のようなものに入れる。そして，鮭の住んでいない地方の山川の清流にこの瓶の鮭而（はららご）を鮭が産み付けたようにしておく。この川に鮭が出ても，三年間は捕ることを禁止するならば，鮭が産まれるかもしれない。産まれれば国益にもなるだろう（江戸の白魚は，昔その種を移したと聞いたことがある）。」

ここには，漁師の話に鈴木牧之の考えを交えながら，母川回帰する鮭の性質について記載されている。このような理解は，村上三面川だけでなく，鮭の遡上してくる河川や地域の一般的知識になっていたことが予想される。

さらに鮭の回帰性についての民衆の理解を現す点を指摘したい。それは，鮭にまつわる多くの民話の存在である。佐藤 (1986) は，岩手県気仙沼の「鮭の大助」の昔話を例に類似の民話の存在から鮭の回帰性の気づきを指摘している。

「大鷲が子牛をさらっていった。怒った主人は弓矢を持って牛の皮をかぶり隠れていたら，大鷲が再び飛んできて主人を玄界灘の離島に連れて行ってしまった。主人が竹駒村に帰れず困っていると，白髪の老人が俺の背中に乗れと言った。続けて老人は，おれは鮭の大助だ。毎年10月20日におまえの今泉川に行って上流で卵を産むので，そのとき乗せていってやろうと言った。おそるおそる老人の背中に乗った主人はしばらくして古里に帰ることができた。以来毎年10月20日には今泉川の鮭の漁場に御神酒と供物を供え鮭留めを数間開けて鮭を上流に通すことにしている。」

これらの昔話の存在を受け，佐藤は，「北日本には，このような民話が数多く残されている。それは北日本で古くから鮭漁が行われてきた証拠ともなろう。」と述べている。「鮭の大助」の内容に象徴されることは，産卵のため遡上するという性質，全部取り尽くさず上流に通すこと，鮭に対する畏れが要素として盛り込まれていることである。民衆の鮭の回帰性の理解を暗示し，取りすぎないよう戒めている内容が各地域で語られていることは大変興味深い。

以上よりまとめると，村上において，鮭の回帰性への着目は1619年の制札

から読み取れる。1718年の枢要録の御留川での鮭産卵の注目からは明確な河川環境保全の意識が理解できる。1774年の幕府評定書での訴訟以降，1784年～1795年の一連の村上藩施策より，河川環境保全の実際の形態として「種川の制」の成立ととらえることができるのである。

村上以外の地域に目を向けると，長期にわたり語り継がれている鮭を主題とした民話において，鮭の母川回帰性の暗示，漁獲に対する戒め，鮭に対する畏れといった内容が見られることから，民衆におけるそれらの理解が，広い地域に長い時間のなかに形成されていることをとらえることができる。そのような意識のなか，岩手県津軽石川では，1749年の四ヶ浦の口上書から，鮭漁獲規制の取り決めのなかに鮭幼魚に関する河川環境保護の取組がみられた。また，宇治勘助の献策書より，荘内藩では1797年より種川の制に類似の方策で河川環境保全の取組みを行ったのである。このように，鮭の母川回帰性への着目と鮭資源保護の意識の芽生えがあり，対応する施策，取組みがあったとまとめることができる。

(6) 鮭にかかわる河川環境と「持続可能な開発」

江戸時代1720年ごろから1770年ごろの村上において，鮭の収穫量が官民合わせた人々の重要な関心ごとであった。図5-4や表5-4の運上金の推移と表5-3の鮭の増産にかかわる意識の芽生え，鮭の回帰性の着目に関する年表に現

表5-4 運上金の推移

西暦(年号)	運上金(両)	西暦(年号)	運上金(両)	西暦(年号)	運上金(両)	西暦(年号)	運上金(両)
1748(寛延1)	195.3	1762(宝暦12)	344.2	1776(安永5)	267.2	1790(寛政2)	680.0
1749(寛延2)	71.0	1763(宝暦13)	313.1	1777(安永6)	223.0	1791(寛政3)	590.1
1750(寛延3)	84.3	1764(明和1)	218.0	1778(安永7)	223.0	1792(寛政4)	798.0
1751(宝暦1)	111.0	1765(明和2)	301.3	1779(安永8)	305.0	1793(寛政5)	735.0
1752(宝暦2)	119.3	1766(明和3)	330.1	1780(安永9)	257.0	1794(寛政6)	
1753(宝暦3)	93.2	1767(明和4)		1781(天明1)	367.0	1795(寛政7)	875.0
1754(宝暦4)	61.3	1768(明和5)	410.2	1782(天明2)	422.1	1796(寛政8)	1,351.0
1755(宝暦5)	105.0	1769(明和6)	339.2	1783(天明3)	276.2	1797(寛政9)	1,602.0
1756(宝暦6)	155.3	1770(明和7)	269.3	1784(天明4)	230.0	1798(寛政10)	910.0
1757(宝暦7)	181.0	1771(明和8)	216.3	1785(天明5)	230.0	1799(寛政11)	1,125.0
1758(宝暦8)	189.3	1772(安永1)	167.1	1786(天明6)	349.3	1800(寛政12)	1,478.0
1759(宝暦9)	145.3	1773(安永2)	183.0	1787(天明7)	323.0	1801(享和1)	900.0
1760(宝暦10)	156.0	1774(安永3)	190.0	1788(天明8)	394.0	1802(享和2)	1,511.0
1761(宝暦11)	312.0	1775(安永4)	282.1	1789(寛政1)	550.0	1803(享和3)	955.0

(『村上市史』「2 近世」より筆者作成)

れているとおりである。その漁獲の多少により，直接は鮭漁を請け負った漁業主に利益あるいは損害が生じ，間接的に村上藩の運上金としての収益に影響を与えたのであった。漁獲を巡ってのトラブルも起きていた。これは，トラブルが起きるほど鮭の価値や利益が一般に認められていたことを示している。鮭の増産にかかわる施策は，雑魚1匹でもみんなで守り育てなければならない重要課題であった。当然，川普請，漁場にかかわる手入れなどは，真剣に，人々の願いがこめられながら行われていたはずである。

　これは，「持続可能な開発」すなわち「将来の世代のニーズを満たす能力を損なうことなく，現在の世代のニーズを満たすような社会づくり」の営みととらえることができる。村上は，鮭とのかかわりを通して街を維持してきたといえる。母川回帰する鮭の数が，「将来の世代のニーズ」として直接的に社会の状態に影響を与えているのである。河川環境を保全せず，自然の道理に反して，人間の都合として乱獲等の負荷をかければ，漁獲数の減少という事態が生じてくるのである。村上の鮭漁獲と河川環境保全の関係はそのような「持続可能な開発」としての社会のなかに位置づいていたのである。この画期的な営みや関係性は，現代においてこそ学ばなければならない。これまで述べてきたように，河川環境保全による村上の持続性は，鮭を介して営まれてきた。村上は，鮭という自然のバロメーターをとおして「持続可能な開発」としての社会を維持してきたといえる。

　これまでの鮭，三面川の河川環境，村上という街の関係性の意識は十分とはいえない。そのような関係性を意識し，過去からの仕組みを振り返ること，河川環境保全を進めながら将来の村上について考えをもてるようにすることなどは，村上におけるESD（「持続可能な開発のための教育」）そのものとなる。村上は，古くから画期的な社会の仕組みや思想をもっていたのであった。

　最後に，三面川と教育のあり方についてもふれたい。三面川の河川環境において，過去からの人々の営みが「持続可能な開発」としての社会づくりの視点をもつことを確認した。それを活かし，ESDの視点をもって「総合的な学習の時間」を計画することは，今後の教育の方向を示すものになる。鮭の漁獲量

の増減は，河川保護にかかわる人間の営みすなわち，争い，荒廃，再生，あらたなシステムづくりの繰り返しであった。村上や三面川は，歴史的にそのことをよく現している。つまり「持続可能な開発」としての社会づくりの視点を過去から十分もってきたといえる。

そこで，教育においても，鮭を中心とした「総合的な学習の時間」に，そのような歴史の教訓の視点を意識することが必要となる。「自然の仕組みをよく理解し，人間が手を加えてよいところに手を入れると自然と共生してうまくいく。」「欲を出して自然にそぐわないことをすると，減量という自然のしっぺ返しに遭う。」といったことである。「自然にそぐわないことをすると，鮭も人間も苦しくなる」ということを，意識して学習構成する。教師も児童もこのようにすることで，「持続可能な開発」としての社会づくりの観点を含んだこれからの学習，すなわちESDとなると考える。

③ 加治川の自然・歴史景観とNPOの活動

(1) 加治川の歴史的課題

加治川は，飯豊山地周辺に源を発し，主に新発田市を経て日本海に流れる全長約65.1kmの長さをもつ河川である。豊かな自然の恵みとともに過去に大きな水害も繰り返している河川でもある。とくに1966, 1967 (昭和41, 42) 年に生じた水害によって流域では多数の住民が犠牲となった。

その後，水害の原因としての河川管理の瑕疵をめぐって，訴訟が起こった。高度経済成長期では，加治川だけでなく，日本各地で水害訴訟が見られた。水害訴訟は水害を人間が河川とどのようにかかわるかを論じられていた点で重要な示唆を与えるため，本稿でも簡単にふれておく。

現在は加治川治水ダムによって，加治川流域の水害の可能性は激減している。ただ，河川は自然環境のなかでも人間活動ともっともかかわりが深いといってもよい。環境問題は人間の自然へのはたらきかけによって生じたものといえるが，とくに河川は有史以来，人間のはたらきかけが最大のものであったと

とらえることができる。

　伝統的な利水・治水の歴史をふまえて，河川環境の保全と活用は日本各地でさまざまな団体によって取り組まれている。当然ながら各地域においても河川環境と人間活動とのかかわりの深さから，河川を通じての多くの連携が見られる。河川活用についての目的の違いがあるものの，活動によっては，学校，地域，事業者，行政，NPO等がパートナーシップを構築しつつある。

　環境教育を実施する場合，次世代への期待から，子どもを対象とした取組みが多く見られる。そのなかで，地域を主題とすると学校内の教育活動であっても指導者は学校教員などの校内の人材だけにとどまらない。例えば，文部科学省が「NPO等と学校教育との連携の在り方」を課題として，2003，2004（平成15，16）年度と実践研究事業を実施するなど，今日，全国的にも専門的な知識・技能，経験を有するNPOなどと学校との連携・協力は重視されている。

　地域の自然環境の保全活動などに取り組んでいるNPO等は，地域の自然に関して豊富な知識やさまざまな自然体験活動の経験を有しており，その啓発に努めている場合が多い。NPOなどとのコラボレーションは児童・生徒を対象とした学校教育のなかで効果的な教育活動が期待できるが，その重要性に比べ，今日までNPO等と学校との連携に焦点を当てた報告は多いといえない。そこで，ここでは学校や児童・生徒の教育活動にかかわったNPOに焦点を当て，先駆的な取組みを行ってきた新潟県加治川ネット21の活動も紹介したい。

（2）加治川の自然景観，歴史景観

　かつて，加治川は蒲原平野（新潟平野）を東から西に流れて阿賀野川に注いでいた。これは，日本海側に砂丘が発達していたためである。阿賀野川は下流で信濃川に合流しており，信濃川から東の荒川までの間，約40kmにわたって続く砂丘によって，河川は直接，海に流れることができなかった。つまり，近世の加治川や胎内川の水は東西に流れて信濃川や東の荒川に達するか，潟や湿地となるかであった。江戸時代には，これらの地域は干拓され，良米の産地となる新田となった。

加治川が現在のような水路を流れるようになったのは，1908（明治41）年に始まった開削による改修工事が1914（大正3）年に完成されてからである。そのときに整備された加治川治水記念公園には，1989（平成元）年に整備された水門をみることもできる（写真5-4）。これは，加治川分水門と呼ばれ，洪水時への対応の役割とともに舟運のための水量調節の役目をもっていた。

写真5-4　加治川治水記念公園の水門

　また，この公園から西側約2km上流の加治川堤周辺も分水門復元と同じ年に桜が植樹され，現在でも桜の名所として有名である（写真5-5）。ただ，加治川堤の桜はかつても同じ場所に並木をつくっていたが，1966，1967（昭和41，42）

写真5-5　加治川の桜堤

年に生じた水害後にすべて伐採されてしまった。これらを水門とともに復活させたのである。

　次にこの地域の水害と人間の対策についてもう少し詳しくみたい。先に述べたように明治末から分水路の開削工事が行われていたり，分水門がつくられていたりしたのは，毎年この地域が洪水の被害を受けていたからである。しかし，蒲原平野で蛇行する河川はその後も水害被害を周辺の住民に与えていたため，頻繁に河川の改良工事に取り組まれていた。

　それにもかかわらず，1966（昭和41）年7月17日の集中豪雨により，加治川のいたるところで溢水，氾濫が生じ，流域に大きな被害がもたらされた。さらに翌1967（昭和42）年8月28日にも同じ流域で再び水害が生じた。この水害は羽越水害と呼ばれ，新潟県から山形県南部にかけて，100名以上の犠牲者が生じる大災害となった。そのなかでも，とくに加治川の破堤による被害が大き

く，これらの水害はいずれも集中豪雨によって堤防や同じ箇所の仮堤防が決壊したものであった。

そこで，羽越水害の同じ年度に加治川周辺に治水ダムの建設が着手された。1974（昭和49）年に完成した加治川治水ダムは堤高106.5mという巨大なものである。全国的に多目的ダムの建設が進むなか，このダムの使命は，洪水調節に限られている。洪水時には，ダム内に水を貯めるが，その後はダムから下流に水を流してしまうため，通常はダム内に水がなく，そこを訪れることができる。さらにダム内に公園もつくられているという他に例をみない特色をもったダムである。

写真5-6　加治川周辺の治水ダム

なお，近年，新たに新発田川放水路，福島潟放水路の2本の人工河川が開削された。先述のように，江戸時代の初期には，荒川と信濃川の間には砂丘が広がっていたために，これらの間には，直接日本海へ注ぐ河川はなかった。現在では，上の2本の新河川を加えると，合計7本の河川が日本海へ流れていることになる。

（3）加治川にみる日本の水害訴訟の変遷

加治川水害訴訟は，河川水害をめぐって被災住民が行政責任を問うた最初の事例ということができる。1975（昭和50）年7月の新潟地裁，1981（昭和56）年1月の東京高裁で住民側が一部勝訴を収めたが，1985（昭和60）年3月の最高裁では，住民側の全面敗訴となった。これは，前年の1984（昭和59）年1月，大阪で生じた大東水害訴訟が最高裁で差戻し判決されて以降の日本の水害訴訟の流れである。

河川に関する水害訴訟について，大東水害訴訟の差戻し判決以前は，先に紹介した1975，1981（昭和50，56）年の加治川，1976，1977（昭和51，52）年の大東水害以外でも，1979（昭和54）年の東京都多摩川，1981年の三重県志登

152　第5章　ESD教材としての新潟県北部地域の河川

茂川, 1982 (昭和56) 年の岐阜県長良川安八と各地裁, 高裁において, 原告, 住民側の勝訴が続いた。しかし, 最高裁での大東水害差戻し判決すぐの4カ月後, 岐阜地裁において破堤による長良川安八訴訟が住民側敗訴となった (1984年5月)。これは大東水害訴訟約1年前, 大東水害と類似した状況で破堤し, 同じ岐阜地裁の判決によって住民側が勝訴したことをふまえると, 大東水害訴訟の判決の結果を受けたことが明らかである。

1974 (昭和49) 年7月豪雨により氾濫した神奈川県平作川でも1985 (昭和60) 年8月, 横浜地裁は住民側の「浸水は流域の乱開発を助長し, 河川改修を怠った行政の責任」という訴えを大東水害と同じ理由で退け, さらに「河川はもともと危険を内在している」とつけ加えた。同様に志登茂川の1981 (昭和56) 年11月の住民側勝訴が, 大東水害訴訟判決をはさみ, 1989 (平成元) 年3月の名古屋高裁で逆転敗訴となる。これらの判決では, いずれも「同種・同規模の河川に比べて改修は遅れていたとは言えない」,「未改修部分があったから管理に瑕疵があったと言えない」と大東水害での判決結果がほとんどそのまま踏襲された。このように1984年の最高裁での大東水害の差戻し判決以降, 水害訴訟では住民側が敗訴している。つまり, 大東水害以降では, 水害が生じても住民は行政に保障を求めることが難しくなっているのである。

それでは, なぜ1970年代にこれら一連の水害訴訟で, 住民が勝訴したのか, その背景を探ってみたい。当時は, 戦後の高度経済成長の反動ともいえる公害訴訟が全国で展開されていた時代でもある。日本の1970年代は「科学優先主義の曲がり角」として, 反科学, 科学批判の空気が生じたととらえられることもある。アメリカでは, 1960年代終盤からベトナム戦争への反戦運動の気運が高まり, 反公害運動とも連動した。日本でも1960年代後半に注目された公害に対する取組みは, 1970 (昭和45) 年11月のいわゆる「公害国会」で頂点を迎える。今日の「環境基本法」にまで, 影響を及ぼしている「公害対策基本法」(1967年制定) などが改正されるとともに,「水質汚濁防止法」なども制定された。そして, 翌1971 (昭和46) 年7月には環境庁が発足する。同年8月には, 水俣病認定のやり直しが命じられ, 1972 (昭和47) 年にチッソ (日本窒素

肥料株式会社）は患者に賠償金を支払うことになった。このように最終的には中央官庁も被害住民の状況を認めることになった。つまり，公害訴訟における住民勝訴の流れのなかで，被害者は住民であり，加害者は企業やそれらを放置した行政であるという構図ができた。水害訴訟もこれに似た状況ととらえられたと考えられる。これが，1970年代から80年代にかけての水害訴訟における住民側の勝訴と大きく関連していると推測することができる。

しかし，今日の環境問題は，公害問題と異なり，被害者，加害者を明確に区別することができなくなっているのが，その特徴といえる。

(4) 加治川の保全とNPOの活動
・NPO加治川ネット21

加治川ネット21は，新発田市制40周年記念の「水辺のシンポジウム」を企画・実施したメンバーが中心になって，1996（平成8）年11月に設立された。新発田市，加治川村，紫雲寺町等（当時）の加治川流域を中心に，河川や湖沼などの環境保全・啓発活動を続け現在にいたっている。2003（平成15）年度春にはNPO法人格を取得し，個人会員は，現在約180名に達している。

加治川ネット21の活動目的としては，「川の持つ役割を参加者が理解し，川遊びの体験を通して，川の役割，危険性，恵み，生活との関連，川との付き合いなどを学ぶ，同時に，体験を通してふるさとの自然を学び，参加者の思い出と郷土愛を育む」ことがあげられる。さらに「地域や世代を超えた交流を促進し，発見と気づきを養い，環境を拠点に新たな地域コミュニティとネットワークを構築するとともに，自然についての興味を喚起し，環境についての意識の高揚を図る」ことをめざしている。

多様な職種をもつ会員が所属するメリットを十分に生かし，企業・学校・行政の具体的な関係性を利用した出前講座や事業等を企画する。これらを通して，河川を中心とした地域の自然環境の現状を知り，ともに守っていくという運動に結びつけることを活動の意図とする。そこでは，今ある自然がより良いかたちで子どもたちに引き継がれていくよう地域の自然環境の保全に向けた活

動が行なわれている。また，各講座の開催場所は加治川流域の広範囲にわたるため，流域全体の観察ができるとともに，継続的に実施しているため，データが蓄積され地域の環境指標としても利用が可能である。

上のことを実現するために，学校や児童・生徒を対象とした活動には次の内容があげられる。これらは，主に（1）自主事業とした活動，（2）学校や地域への総合学習支援・講師派遣，（3）受託・協力・参加事業に分けられる。ほかにも新発田市の地域協議会などの会議への出席が求められることも多い。

（1）としては，先に述べた加治川の桜堤を素材として，会員が育樹勉強会を行ったり，阿賀北池沼調査を行ったりする体験学習，また夏休み期間中に，小学生を対象として開催する「水辺の大楽校・ぼくらは加治川探検隊」などがあげられる。（2）としては，新発田市内の小学校などに対して「総合的な学習の時間」における出前講座等を実施している。2007（平成19）年度には市内の7つの小学校に対して10回の出前講座を行っている。（3）には，受託事業として「フォーラム羽越水害を考える」のなかで体験ブースやパネル展を担当している（同NPOのWebページ　http://www.inet-shibata.or.jp/~kjn21/参照）。

このように新発田市の加治川流域を素材として，環境教育・学習と関連したさまざまな講座や事業等を企画・開催している。そこでは地域の人たちとともに身近な河川環境を学んだり体験したりすることによって地域コミュニティを構築している。

・自然体験活動をもとにした学校とのパートナーシップ構築

先に述べたさまざまな活動を実施する際，それぞれの活動ごとに，パートナーシップの形態，目的は異なっている。現在，学校はじめ他の組織との連携を実施するためのシステム構築に取り組んでいる。例えば，学校との連携についても会員が出前講座の講師として派遣される形態が多い。そのため，学校は加治川ネット21という組織より，講師としての個人から知識や技能を得る場合もある。しかし，NPOとしての活動の意義は，2007（平成19年）11月に10周年企画として実施された「小学生による環境学習パネル展および発表会」の事

写真5-7　市内小学生の環境学習パネル展示

写真5-8　市内小学生の環境学習発表

業において新発田市内26校中22校がパネル展に参加し，5校が生涯学習センターの講堂で発表するという活動をコーディネートしたところにみられる（写真5-7, 8）。参加校の多さとともに，この事業では市の教育長や教育委員会の幹部なども出席するなど，これまでの加治川ネット21の実践は，市の教育に大きな影響を与えてきたと考えられる。つまり，逆に学校側が組織的に加治川ネット21の取組みを活用する点で，お互いがより発展的な活動を行うことが可能であったといえる。

加治川ネット21のメンバーは固定されたものではない。活動の広がりにともなって，会員数は増え，さまざまな職種の会員によって構成されることになる。それが，さらに活動の広がりになっていくと同時に，ほかのNPOなどの組織などとも交流を深め，一層活動が触発されることにもなる。

加えて，地域に密着した環境調査に取り組んでいる点も評価したい。各イベントの継続的な実施による同一地点での観測・観察データの蓄積や，同じ方法での広範囲にわたる実施調査より，動物・植物などの地域の環境データを継続して収集することができる。これらのオリジナルなデータ等をもって，環境教育などの啓発活動にあたることの意義は大きく，学術的な貢献も重視したい。環境講座を実施するなかで，絶滅危惧Ⅱ類の「アカザ」や「ホトケドジョウ」が確認されている。また，新発田市では絶滅したといわれていた「イバラトミヨ」が見つかり，その追跡調査も行っている。このような地域に根ざした学術的な取組みやその成果にも加治川ネットの存在意義が認められる。

・パートナーシップの効果

　加治川ネット21の活動場所は，河川流域をはじめ近辺の山林，学校・公民館等の公共施設，地域自治体が管理・所有する池沼など多岐にわたっている。そのため，「水辺の大楽校」など，「環境講座」を実施するためには，地域，行政，学校の協力・理解なしでは不可能に近い。つまり，活動そのものがパートナーシップにかかっている（図5-5）。そのなかで，パートナーシップの効果を考えると以下のことがあげられる。

　まず，地域の人々や大学生などに協力を依頼することは，地域の文化的知識や専門知識をもつ人たちに，活動の場を提供することとなり，人材の育成，各個人の知識の向上や自信にもつながる。さらに，活動関係者の多方面からの視点で，企画や活動等を検討することができ，共に考えることで相互の連帯意識も生じる。

　最後に，地域や職種，世代を超えたコミュニケーションが促進され，イベントをきっかけに地域を越えて行われる子どもたちの交流は注目に値する。多く

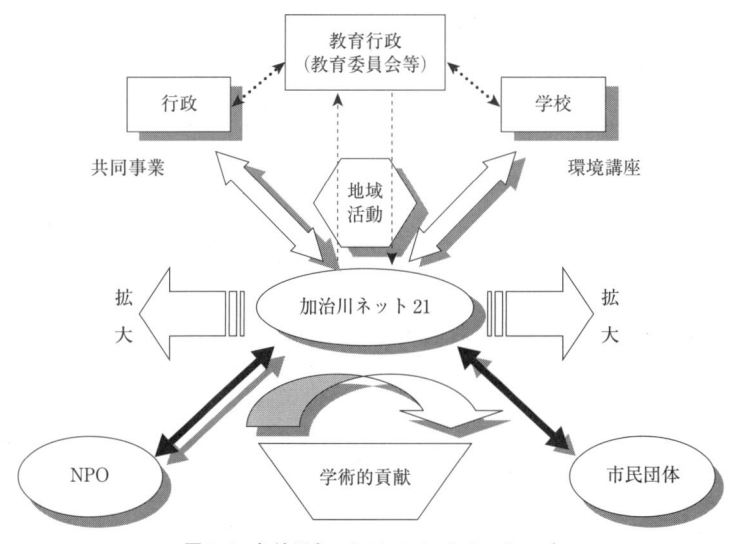

図5-5　加治川ネット21のパートナーシップ

の子どもたちに加治川のすばらしい自然を伝えるためには，学校との連携に大きな効果が期待される．それには，市町村教育委員会などの教育行政を巻き込んでいくこともスムーズな連携の方法である．個人の所属の連携が有機的にシステム化する場合が多く，行政とのシステム的なつながりには，まず個人からという現在の方法は効果的である．つまり，個人どうしの連携が結果的に個人の所属の連携（例えば行政・学校）に発展することも多いからである．教育行政とのパートナーシップ構築によって各学校への紹介や連絡だけでなく，さまざまな協力が得られることもあり，今後システム的に進めていくためには不可欠な方法といえるだろう．

参考文献
新潟県福祉保健部生活衛生課『新潟水俣病のあらまし』2002年，p.14
飯島伸子，舩橋晴俊『新版　新潟水俣病問題―加害と被害の社会学』2006年，東進堂，p.9
新潟水俣病共闘会議『新潟水俣病ガイドブックⅡ　阿賀の流れに』，p.16
環境省『環境白書』（平成18年度版），ぎょうせい，2006年，pp.41-44
飯島伸子「新潟水俣病未認定患者の被害について―社会学的調査結果からの報告―」（1994年），『環境と公害』Vol.24-2，岩波書店，p.64
高橋美貴「近世における『漁政』の展開と資源保全―18世紀末から19世紀を展望して―」（2004年）『日本史研究』501，p.132
高橋美貴「『種川』はいつうまれたのか―種川のイメージと実態―」（2003年）平成15年度秋期企画展『捕る　愛でる　拝む』新潟県立歴史博物館図録，p.43
鈴木鉎三『三面川の鮭のはなし』1983年，村上市郷土資料館，p.7
佐藤重勝『サケ―つくる漁業への挑戦』1986年，岩波新書，p.23
村上市「通史編2　近世」『村上市史』1999年，p.285
環境省総合環境政策局『パートナーシップによる環境教育・環境学習の推進調査報告書―パートナーシップによる環境教育モデルプログラム試案―』2003年，pp.31-36

第6章
新潟県の自然の特色と人間

① 上越市域の豪雪と地域文化

　雪は，新潟県や日本海側に住む人たちにとって身近な存在であり，「雪は天からの贈り物」といわれるように，さまざまな恩恵を与えてくれる。また，自然界全体の循環や生態にも大きくかかわっている。例えば，膨大な量の雪は，雪国と呼ばれる新潟県の「上越」らしい自然景観をつくり出すとともに，生態系を保つ役目を果たしている。そして，そこで暮らす人々の雪国特有の文化をも育んでいる。

　新潟県上越地域は，世界有数の豪雪地であり，積雪深は平地で1～2m，山間部では，2～3mに達する（写真6-1，図6-1）。高田の1日の最大降雪量は，1927（昭和2）年2月9日に176cmを記録しており，この年の最深積雪量は，375cmと昭和以降で最も多かった。また，上越市板倉区柄山では，1927年に

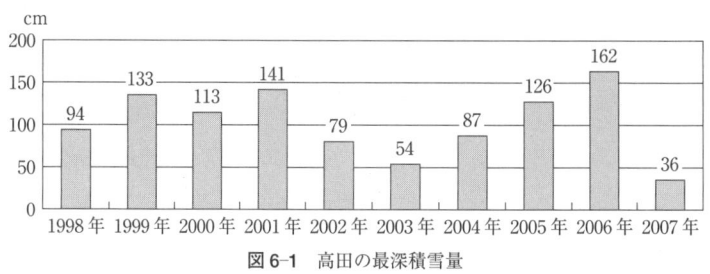

図6-1　高田の最深積雪量
（高田測候所資料を基に作成）

159

写真6-1 2006年の上越市高田

写真6-2 積雪量世界1の標柱

写真6-3 雁木の街並み

8.18mの積雪があり，世界記録に公認されている（写真6-2）。

（1）雪国の生活の知恵「雁木」

上越市高田に広がる雁木通りは日本一の総延長を誇り，歴史的な建造物も多数存在する（写真6-3）。

雁木とは，新潟県と長野県北部において，主屋から道路側に下ろした庇（ひさし）をさす呼称である。同様の庇は他県にも見られ，「小店」，「小間屋」，「仮屋」などと呼ばれている。雁木の形状は，「落し式雁木」，「造り込み式雁木」，「半造り込み式雁木」の3種類に大別されるが，高田では「落し式雁木」が一般的である。

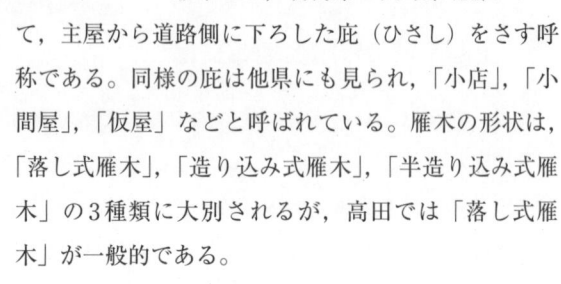

雁木通りとは，この雁木を設けた町家が連続することで形成され，深雪地域の歩行者用通路としての機能を有する。高田の雁木通りは，江戸時代初期に形成され，明治末から大正初期には総延長が17.9Kmあった。これらは，私有地であり，個人の管理のもと，公共性の高い空間として利用されてきた。

また，雁木の屋根裏には，梯子や雪樋などが掛けられていることがある。現在はあまり使用されないが，雪下ろしのときに使われていたものである。現在では，スノーダンプなどを用いて雪下ろしをすることが多い。除雪用具の変化とともに雁木下を収納場所として利用することも減っている。

雁木は，雪国に住む人々の思いやりとおもてなしの心によって育まれた歴史的な文化遺産といえる。そのため，雁木の残る街並みを保存していくことは大切である。現在，上越市では歴史・景観まちづくり推進室を中心に，雁木整備補助事業などのさまざまな取組みが進められている。

　上越市の「雁木・雁木通りに関する市民意識調査」（平成15年）においては，雁木通りに住む市民の約90％が雁木の必要性を感じているという。快適な歩行空間と景観の維持，雪国文化の継承という観点からも大切に残したいとのことである。また，地域の特色ある文化や教材として学校教育の場でも社会科や総合的な学習の時間に取り上げられることが多い。雁木通りの歴史や生活を学ぶとともに現在の雁木通りがかかえる問題を認識し，雁木通りの価値や人々の願いを考えながら，雪国の未来を考える学習が構想されている。

(2) 日本のスキー発祥の地「金谷山」とレルヒ少佐

　上越市高田の市街地に近い，標高130m余りの「金谷山」は，日本におけるスキー発祥の地である（写真6-4）。オーストリアの将校，テオドール・エドレル・フォン・レルヒ少佐は，日露戦争での戦闘に勝利した日本陸軍の視察を目的に来日し，高田の歩兵第58連隊に配属されていた。日本陸軍の要請により，1911（明治44）年1月12日，「mettez les skis!（スキーを履きなさい）」の掛け声とともに14名のスキー研究員を対象にスキーの指導を行ったのが始まりである（写真6-5）。

　当時の師団長の長岡外史は，スキーを

写真6-4　上越市営金谷山スキー場

写真6-5　レルヒ少佐像と大日本スキー発祥之地記念碑

軍事目的とするだけではなく，一般市民の気力・体力の向上に役立つと考え，民間への普及を強力に進めた。1911年2月には，日本最初のスキークラブ「高田スキー倶楽部」が発足している。その後，レルヒが伝えたスキー術は，全国に瞬く間に広がっていったのである。

1913（大正2）年には，日本スキークラブ主催第1回全国スキー大会が金谷山で開かれている。スキーのメッカとして，その後何回も講習会や大会が開かれ，リフトやジャンプ台が整備された。

なお，2002（平成14）年には，全日本スキー連盟などが，日本に初めてスキー術が伝えられた1月12日を「スキーの日」に制定し，今日では，この日に全国各地のスキー場でさまざまな催しが行われるようになっている。上越市では，レルヒ少佐の顕彰とともに金谷山スキー場で当時の様子を再現した一本杖スキーの実演が「レルヒの会」によって行われる。一本杖は竹製で長さ約2メートルである。ターンの際に右，左と交互に突きながら滑り降りる。男性はPコートにチロリアンハット，女性は矢がすりにはかま姿で当時の姿を再現している（写真6-6）。

また，上越市ではレルヒ少佐の功績を讃え，毎年2月に「レルヒ祭」を開催している。一本杖スキー披露・講習会のほかに，モーグル大会，スキー教室，スキー民謡教室，スキー汁等の屋台，カクマキやトンビを着て雁木の街並みを歩く「あわゆき道中」など，上越市内各地でさまざまな催しがにぎやかに行われる（写真6-7）。

スキー発祥記念館は，スキー発祥80周年を記念して1992（平成4）年に開館

写真6-6　一本杖スキー

写真6-7　カクマキとトンビ

した。スキーが伝わった当時の資料やレルヒ少佐の遺品，スキー用具等が展示されている。スキーを楽しむ学生や袴姿の女性の写真パネル，文献からスキーの変遷が分かる。また，スキーやスノーボードの擬似滑走体験ができるスキーシミュレーターでは，スキーの楽しさを気軽に味わうこともできる。間もなく100年になる日本のスキーの歴史が刻まれている貴重な博物館である（写真6-8）。

写真6-8 スキー発祥記念館

(3) 自然環境の活用とスキー場

スキー場は，雪国最大の観光資源である。上越市，妙高市，糸魚川市の3市からなる上越地域には，山麓，丘陵等の地形を利用したゲレンデをもつ13のスキー場がある。とくに，妙高山麓にスキー場が集中している。

「関温泉スキー場」は，レルヒ少佐がスキーを伝えた翌年の1912（明治45）年に開かれ，「赤倉温泉スキー場」は，1950（昭和25）年に日本で最初にリフトが設置されるなど，スキー場開発の歴史は古い。豊富な積雪と変化に富んだ地形，そして温泉湯治場としての歴史が，スキー場開発に密接にかかわっているといえる。

表6-1 上越地域のスキー場

	スキー場名	特　色
上越市	上越市営金谷山スキー場	日本スキー発祥の地
	雪だるま高原キューピットバレイ	豊富な雪国体験メニュー
妙高市	妙高杉の原スキー場	標高差1124m，滑走距離8.5km
	池の平温泉スキー場	国立公園内の自然の地形
	赤倉温泉スキー場	スキーリゾートとの長い歴史
	斑尾高原スキー場	斑尾山麓の高原リゾート
	妙高パインバレースキー場	北信5岳の大パノラマが広がる
	関温泉スキー場	歴史と伝統，パウダーエリア
	妙高スキーパーク	平均斜度7度のファミリー向き
糸魚川市	シーサイドバレイスキー場	ゲレンデから日本海が一望
	シャルマン火打スキー場	パウダースノーと非圧雪エリア

写真6-9 自然環境の活用

上越市のスキー場では、スキーやスノーボードだけでなく、スノーシューハイキングやスノーモービル体験、雪像・かまくらづくり、源泉雪掘り入浴、除雪体験、雪の科学と利雪についてなど、さまざまな目的に応じたプログラムが実施されている（表6-1）。このような雪国体験を通して、自然環境の活用を学んだり、雪国ならではの冬の楽しさを味わったりすることができる（写真6-9）。

(4) 雪国の冬の風物詩「冬囲い」

冬囲いは、雪国ならではの風物であり、機能面だけでなく造形的な美しさや景観をもつくり出している。

写真6-10 斜面雪圧による根曲がり杉

雪国の植物は、雪によってさまざまな被害を受ける。植物の葉や枝に着いた雪の重みによって枝が折れたり、斜面雪圧によって幹が曲がったり、雪が沈み込む力によって枝が折れたりする（写真6-10）。これらの被害から守るために植物を囲ったり、吊ったりすることを冬囲いや雪囲いという。

写真6-11 熟練の冬囲い作業

庭の樹木などを積雪や冷気から守るための工夫として、木の周りを竹などで囲み雪の重みを他方向にそらしたり、枝が折れないように縄で吊ったりする。その際、縛ったところが緩みにくい「男結び」という結び方で行う。公園などの冬囲いは、熟練の技により、円錐形や角錐形に整えられ、高さや形が揃えられているため、見た目にも美しい（写真6-11）。

雪の沈降力は、植物だけでなく雪に埋まってしまう

あらゆる物に影響する。ガードレールや鉄棒をも曲げてしまうほどの力がある。そのため，公園などの銅像などにも丁寧に囲いがしてある。

同様に，建物が雪に埋もれたり，雪の重みに押しつぶされたりしないように，木材や板，プラスチック製の波板などで，家の周囲を覆って，雪や風による被害を防ぐ。1階部分の窓には，L字形の金具がついており，はめ板で覆えるようになっているものもある。

このように雪や風から守る知恵が随所に工夫され，きれいに冬囲いをした庭の美しさは，雪国でしか見られない風景なのである。

(5) 観光資源としての雪

雪は，スキーのほかにもさまざまな楽しみを提供する。1987（昭和62）年上越市安塚区（当時安塚町）は，当時の後楽園球場（現代の東京ドームの前身）に10トントラック450台分もの雪を運び込み，球場を白銀の世界に変えて雪の世界を売り込んだ。今日まで雪の宅配便や雪の冒険塾など，さまざまなアイデアで雪を観光資源として活用している。

上越地域各地で開催される「雪祭り」も住民の楽しみと観光の両面からの雪の利活用となっている。例えば，安塚区では，「安塚スノーフェスティバル」が開催される。6万本ものキャンドルが灯されたロマンティック街道（写真6-12）や住民総出での町中雪像館，区内11カ所での雪茶屋等の催しに地区全体で取り組んでいる。また，隣接の大島区でも，「越後・大島ほたるロード」が開催され，約20kmの沿道の雪壁や雪原に2万本のロウソクが灯される。巨大かまくらや屋台，雪上花火などの多彩なイベントが行われる。

雪国の伝統行事は冬に多く，小正月ごろに集中している。上越市桑取谷の「鳥追い」や「賽の神」などは，民俗学的にも貴重な文化遺産である。

写真6-12 幻想的なキャンドルロード

写真6-13　大和4丁目子ども会「賽の神」

五穀豊穣と無病息災を願う「賽の神」（ドンド焼き）は，上越市内の各町内会や子ども会単位で行われる。2008（平成20）年には，消防署に215団体からの届け出があり，各所で実施された。大和4丁目では，住民の約4割が集まり，にぎやかに行われた（写真6-13）。

② 雪と雪エネルギーの利活用

(1) 天然冷蔵庫としての活用

　雪は，天然冷蔵庫として昔から活用されてきた。地中に穴を掘って雪を夏まで貯える「雪室」の中は，気温1度，湿度95％前後になる。その中で，野菜や米などを保存すると多糖類がブドウ糖や果糖に分解され，食味が増す。雪中貯蔵米や雪中貯蔵酒として付加価値がついた食材は，雪国ならではの資源といえる。

　安塚区には，明治後期につくられ，昭和30年台まで使われていた自前の雪室が残っている。食糧の貯蔵だけでなく，集落の人々の病気の治療用に雪が使われていたという（写真6-14）。

　現在も，安塚区の農産物集出荷貯蔵施設「樽田の雪室」では，1,500トンの雪の中で，米や蕎麦，日本酒などが貯蔵されている。また，岩の原ぶどう園でもワインを適温で熟成させるための雪室が導入され，観光にも役立っている（写真6-15）。

(2) 雪冷房の活用

　上越市では，安塚区を中心に14施設で雪エネルギーを活用した雪冷房や雪冷

写真6-14　安塚区「横尾義智邸」雪室跡

蔵が行われる，日本でも有数の利雪先進地である。雪冷房は，冷たすぎず適度に湿気があり，肌触りも柔らかく感じられ，長時間でも体に負担がかからずに快適に過ごすことができる。

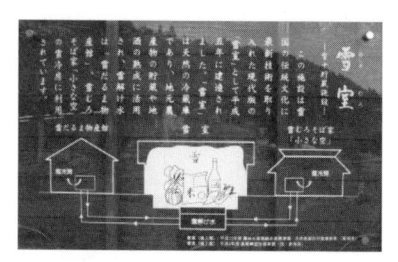

写真6-15 雪だるま物産館の雪室

安塚中学校では，冬の間に貯雪施設に660トンの雪を蓄え，その雪解け水を熱交換器を通して冷水を循環させ，約1800㎡の校舎を冷房している。この雪冷房システムを動かす電力は，体育館屋根に取りつけられた30kwの太陽光発電でまかなっている。つまり，雪冷房のための電気代は一切かからず，光熱費ゼロの自然エネルギー循環システムが成り立っているのである。

また，冷房しおわった雪融水は雨水槽に集められ，スクールバスの洗車や散水，トイレの洗浄などに利用されている。

これらにより1年間で石油の使用量は約7576ℓ，二酸化炭素排出量が約7560ℓ削減されるとともに，水道代が約40万円削減されている。雪エネルギーの活用は，地球環境に優しいシステムとなっている（写真6-16）。

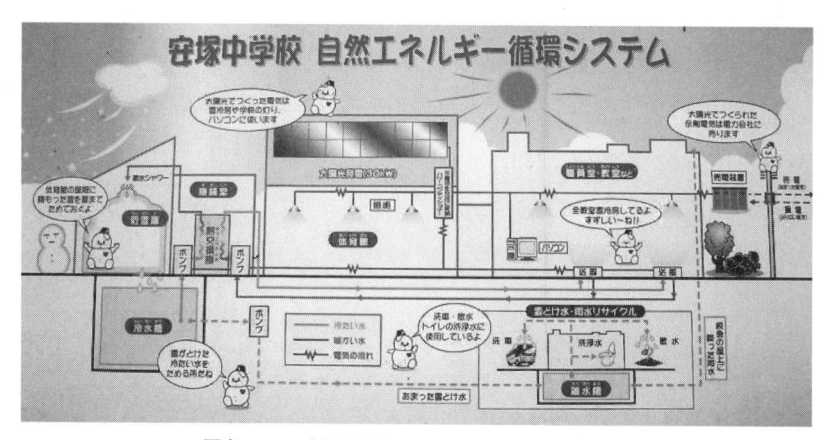

写真6-16 安塚中学校 雪エネルギー活用システム

２ 雪と雪エネルギーの利活用

(3) 雪と地下水

　山間地帯に降り積もった雪がブナ林などの水源涵養林によって，豊かな水資源となり，雪解け水や地下水は，農業用水や工業用水として活用されている。また，消雪用水としても，地下水は活用されており，雪エネルギーの循環が図られている。

　地下水は，冬場でも15℃程度になり，コストも安い。そこで，この地下水を利用した「消雪パイプ」が，1957（昭和32）年に新潟県長岡市で開発された。

　「消雪パイプ」は，道路の中央部に敷設したパイプから噴水のように地下水が噴出し，路面の雪を融かす。道路の他にも，駐車場や工場の敷地，一般住宅などに普及しており，雪国の生活には欠かせないものとなっている（写真6-17）。

写真6-17　消雪パイプによる融雪

写真6-18　2006年高田本町の一斉除雪

　しかし，地下水の汲み上げが原因と思われる地盤沈下が問題となっている。上越市西城町では，1984（昭和59）年に最大沈下量10.1cmとなった。2005（平成17）年には，2.1cmの沈下があり，環境省の統計では全国ワースト5位であった。地下水の過剰な汲み上げによる地下水の枯渇や地盤沈下などを招かぬよう，地域全体で取り組まなければならない課題である。無限にあると思いがちな水資源・地下水を保全し，安定的な利用を促進していくための，水資源の開発および確保が必要である。

　ところで，商店や住宅が密集している市街地の道路は，屋根雪などの排雪場所の確保が十分にできない。大雪となった

2006（平成18）年には，高田地区を中心とした市街地では20年ぶりの一斉除雪が行われた（写真6-18）。このように地域住民の自助，共助，公助により，雪国の暮らしは成り立っているのである。

（4）雪と植物

　本来寒さに弱いとされる常緑のユキツバキやヒメアオキ，ユズリハなどの低木が，上越地域には多く見られる。樹高は低く，枝がしなやかで雪の重みで折れないよう，自然環境に適応している。また，気温が－10℃以下でも雪の下の地表面は，0℃前後の温度と湿度が保たれ，若芽がこおることもない。これらの植物は，雪の中でじっと春を待っているのである。

　チシマザサは，ヤマダケノコやネマガリダケと呼ばれる上越地域を代表する山菜である。根元が曲がっているのは，斜面に積もった雪が，重力によりゆっくりと常に滑り落ちていく力を受けて倒れてしまうが，雪が消えるとまた真っ直ぐに伸びることによる。

　また，ゼンマイやウドなど，太くて柔らかな山菜が自生している。深雪地域の山菜は，融雪後地温が高いので急成長するからである。「山菜の美味さは雪の量に比例する」ともいわれる。このほかにも早春の植物の楽しみは，カタクリに代表されるスプリング・エフェメラルがある。カタクリの群生は，高田公園や金谷山，春日山等各地にあり，早春の散策や自然観察会などが行われている。

　雪国には，季節の変化や自然の営みのすばらしさを味わうことができる格別なよさがある。これらも雪国の自然環境がもたらす恵みの一つであるといえる。

③　城郭を中心とした自然や社会との葛藤

　これまで見てきたように，新潟県には地域ごとに豊富な環境教育資源が存在している。当然ながら，それぞれの地域は自然環境にもとづいた独自の歴史を

もっている。また，各地域の文化は現代にまで影響を与えているが，それは江戸時代にまで遡ることができる。確かに，江戸時代以前にも地域の文化は形成されていたが，ここでは，ひとまず近世までに集成されたととらえられるものを中心に考えたい。

　自然環境に育まれた歴史や文化を探る場合には，上越・中越・下越などという現在の行政区分よりも，むしろ，高田・長岡・新発田・村上のような明治以前の藩単位のスケールでとらえた方が興味深い内容として見えてくる場合もある。

　戦国時代以降の主な藩の動きに注目していくことは新潟県の地域理解の一つの切り口となる。新潟県内でのかつての各藩は地域のさまざまな環境を反映して，江戸時代に独自の城下町を形成した。そして，注目されるのは，幕末の動乱期，上の代表的な四つの藩はそれぞれ別の行動をとったことにも，それまでの特色が集約されたり，その後の歩んだ歴史の違いが現れてきたりする。それらはいずれも単純に意思決定されたのではなく，各藩のなかで真剣な論議がなされたうえでの合意形成であった。今日の変革の時代に対応する組織のあり方を考える点でも参考になることが多い。例えば，高田藩は最初から朝廷側，長州・薩摩側についた。新発田藩は途中から長州・薩摩側に寝返り，長岡藩や村上藩は奥羽列藩同盟のもと，最後まで会津藩と運命をともにした。

　ここでは，自然環境を意識しながら各藩について歴史遺産として現在も見られる城郭など，地域の拠点を探っていきたい。当時の自然環境をふまえたうえで，地域の城郭や周辺を探ることは，その地域の歴史をより立体的に探ることにもつながる。地域の歴史は常に自然条件に左右されてきたからである。そこで為政者等がその地域を治め，リーダーたるためには，地域の自然を熟知し，それにもとづいた拠点を設定するなど，自然環境に適切な対応をとる必要があった。そのような観点から，各地域について城郭と人を中心として眺めていきたい。

(1) 上越市と高田城

　上越市域で中心となる城郭の変遷は、まず戦国時代の上杉謙信の居城、春日山城（写真6-19）から始まる。そして平城の福島城を経て、高田城に落ち着く。狭い範囲の中に、時代のニーズに対応した山城から平城への移り変わりをみることができる。ただ、福島城は、北は日本海、東は当時の保倉川、西は関川と天然の要害で囲まれていたが、逆にこれが水害の原因となり、わずか7年ほどで廃城して高田城に移ることになる。

写真6-19　春日山城跡遠景

　春日山城や高田城は、現在もその跡が一部復原されている。また、高田城は日本3大夜桜の一つとして、花見のシーズンには北信越だけでなく、全国各地からも観光客が押し寄せる（写真6-20）。

写真6-20　高田城

　高田藩は加賀藩に備え、徳川家康の六男、松平忠輝が1614（慶長19）年に、60万石で福島城から建築し直し完成させた。しかし、その後、城主が変わるとともに石数は減少したり、懲罰的な転封先となったりした。ただ築城当初から、60万石の平城にしては、石垣がなかった。この理由について、近辺に良質の石材がないこともその一つにあげられている。

　沖積平野に立地する高田城は、地震による大きな被害と犠牲者が記録に残されている。例えば、1666（寛文5）年には、約4m50cmの雪が積もっていた冬に地震が発生し、高田城は破損、侍屋敷も700以上潰れたとある。また、夜には火災が発生し、この地震で1500名ほどの犠牲者を出したことになっている。さらに、1751（宝暦元）年には高田城は大破し、糸魚川・鉢崎の間でも斜面崩壊が起こるなどして1500名以上の犠牲者を数えた地震が生じた、と記録に残

3　城郭を中心とした自然や社会との葛藤

されている。

1741（寛保元）年からは，もともと徳川四天王の榊原康政の子孫である榊原家が高田藩の藩主を務める。そのつながりから，幕末には一部の藩士は徳川家への忠勤を考え，江戸の幕府軍に加わる。しかし，藩の大勢としては新政府軍に恭順することに決まっており，すぐに高田城を明け渡したり，長岡藩攻撃の先兵になったりした。

(2) 長岡市と長岡城

長岡城は現在のJR長岡駅内の位置に存在していた。もともと，この地域の治世は現長岡市西蔵王周辺に立地していた蔵王堂城が中心であった。興味深いのは信濃川の洪水による被害を避けるために，現JR長岡駅周辺に移されたことである。ここで，改めて長岡藩として長岡城が築城され，城下町も整えられはじめた。城が完成した1618（元和4）年の時期では，大坂の陣も終わっており，合戦に備えてというより行政的に中心となる典型的な江戸時代の平城となった。防御としては，赤川から引いた水で堀を何重か造っているところに特色がある。江戸時代においても信濃川は何度も氾濫し，一回の大水害による被害は，万石単位となったともいわれ，長岡藩の財政を苦しめたことが予想される。

幕末の城の攻防として，長岡城をめぐる戦いが有名である。つまり，日本最初の機関砲を用いた河合継之助率いる長岡藩が徹底的に抗戦し，薩長をはじめとした新政府の軍隊と戦火を交えるのである。しかし，長岡城は，あまり防御用には適した場所に造られていなかったためか，何度か城の奪い合いがされている。明治政府は崩壊した長岡城本丸跡に長岡駅を建設する。

現在，長岡城の一部は復元されて郷土資料館となっているが，場所は市内でも少し離れた悠久山公園に立地する。ただ，長岡城は天守閣をもたなかったが，この郷土資料館はあえて観光を意識したためか模擬の天守閣などを備えている。2004（平成16）年の中越地震時には被害を受け，周辺の建造物にはいまだ復旧されていないものもある。

(3) 村上市と村上城

村上城は標高135mの臥牛山に築かれた平山城である。村上城は戦国の頃から存在し，上杉謙信に降伏したあと，上杉の配下に入る。上杉が会津に移った後，入城した村上氏によって整備される。1600年代には天守閣が建てられ，その時に城下町も形成された。

幕末，奥羽列藩同盟によって会津につくが，撤退する最中に自らの軍によって，城は炎上する。「米百俵」に見られるように，長岡藩の悲惨さは有名であるが，それに比べ村上藩の悲劇はあまり知られていない。村上城は明治以降も石垣など取り壊されるが，現在も多くの遺構は残っている（写真6-21）。

明治の最初は，廃藩置県（1871年）により村上県とされるが，同じ年，すぐに新潟県に合併される。村上城趾は1960（昭和35）年に県指定文化財，1993（平成5）年には国指定の史跡となって現在にいたっている。また，現在でも武家屋敷，町人屋敷が残っている。

なお，興味深いのは江戸時代に始まった村上茶は集団的に栽培されている「北限の茶」になっていることである。茶の栽培によって採算が合うのは，茨城・栃木・群馬・新潟の四県を結ぶ線の以南といわれている。一般に年平均気温が11度で栽培の北限とされており，村上は新潟県でも最も北端に位置している。茶は気象条件がその育ち方に大きな影響があり，村上茶は他産地に比べ寒い冬の季節が長く，年間の日照時間が短くなっているため，特別な味があるといわれている。

(4) 新発田市と新発田城

戦国時代に新発田城は新発田氏によって築城され，その居館となっていたが，新発田氏は1587（天正15）年上杉景勝に滅亡させられる。その後1646（正保3）年に新発田城は溝口家によって以前と同じ場所に築城され，新発田藩の中心

写真6-21 村上城

となっていた。堀は新発田川の水を利用している。豪雪地帯に築かれた城だけに平たい瓦を漆喰で囲むなど，海鼠壁のような工夫もされている（写真6-22）。

新発田城は，大きな戦火には遭っていない。長岡藩が北越戦争において敗れたのは新発田藩の裏切りによるところが大きいといわれたこともあった。これは，新発田藩は当初，長岡藩や米沢藩の勧めどおり，列藩同盟に加わったが，その後，官軍と連絡をとって海路から上陸を導き，長岡藩を敗走させたためである。圧倒的な武力をもっていた薩長に対し，新発田藩の動向が北越戦争の展開に大きな影響を与えたとは思えない。それでも，長岡藩は長らく新発田藩を恨んだといわれている。

写真6-22 新発田城

現在，足軽長屋と表門二の丸隅櫓は国の重要文化財に指定されている。2004（平成16）年に櫓が復元され，2006（平成18）年には日本城郭協会によって日本の名城100選の一つに認定されている。なお，新潟県で日本の名城100選に選定されたのは，新発田城以外では戦国時代に築城された先述の春日山城だけである。

(5) 地域経営と上杉謙信

ここでは，ほとんどふれなかったが，近世につながる地域経営も興味深い。上杉謙信と川中島の戦いで有名な武田信玄は，治水事業や黒川金山をはじめとした鉱山開発でも大きな成果を上げた。地域の経営には，地域の自然環境の理解とその適切なはたらきかけが不可欠である。

しかし，上杉謙信ほどの知将であっても，地域の開発については，武田信玄ほどの多くの記録が残っていない。いっぽうで，川中島の合戦は，日本海貿易と新潟県内の金山銀山を保有する越後と，金山開発と治水・潅漑技術による経営で豊かな甲斐との経済戦であったという見方もあり，この視点は興味深い。

ただ，佐渡金山は1589（天正17）年上杉景勝が佐渡を領国として開発が始まっているので，謙信の時代ではあまり活用されたと考えられない。むしろ同じ佐渡でも西三川の砂金や鶴子銀山，さらには鳴海金山（新潟県岩船郡朝日村高根）あたりが考えられる。しかし，いずれも上杉景勝の時代に本格的に開発されているので，謙信の時代はその軍資金としてどれくらい貢献したのかよくわからない。

　それでは，上杉謙信は軍資金をどのように調達してきたのかという疑問が残る。戦国時代において，謙信はほかの武将とは違い，領土拡大を目的とせず，義のための戦いを行ってきたといわれている。そのため軍資金の出所は一層興味深い。現在ほど高田平野で多くの米の収穫が認められないことから，これには日本海交易や他の県内の多くの鉱山開発，そして第4章で紹介したような上布（アオソ）が大きかったと考えられている。

　なお，さまざまな点で上杉謙信に影響を受けた直江兼嗣は下越での巻の干拓事業や治水工事をはじめとして，会津に移っても松川での治水事業に大きな成果を上げている。この点についても謙信からなんらかの示唆を受けたのかもしれない。

参考文献
氏家武『雁木通りの地理学的研究』1998年，古今書院
佐藤国雄「雪国大全」2001年，恒文社
雪国の視座編集委員会『雪国の視座―ゆきつもる国から』2001年，毎日新聞社
レルヒの会『スキー発祥思い出アルバム』1988年，ベースボールマガジン社

あとがき

　日本海側をはじめ，地方には特色ある自然景観・歴史景観が数多く残されている。本書で紹介できたのは，そのわずかな一部に過ぎない。ただ，繰り返して述べるが，日本の環境教育資源は都市部よりむしろ日本海側など地方のほうがより豊かであるといっても過言ではない。本書によって読者に日本海側の魅力がどれくらい伝わったかは確信できないが，少しでも関心をもってもらえたとすればわれわれの喜びとするところである。

　本書では，人間が自然に及ぼす影響とともに，自然のもつ二面性，自然が人間に与える影響もテーマとした。確かに，日本の自然の豊かさ，すばらしさは，同時に人間に自然のもつ恐さや厳しさも教えることもある。日本海側の自然環境はその典型的な例であり，そのため，日常生活だけでなく産業の発展にさえ大きな影響を与えているのも事実である。しかし，従来から，自然と人間，人間と人間，人間と社会との結びつきの深さは太平洋側のそれと比べても勝るとも劣らないものであった。さらに現在，日本海側では，地域の活性化や振興をめざし，行政，学校，企業，NPOなどの新たなパートナーシップが構築されている。とくに人々の地域の子どもや学校への愛情，愛着の深さなどは着目すべき点が多い。

　今日，地球温暖化をはじめとする環境問題の多くが人間の自然へのはたらきかけによって生じた結果であるととらえられている。筆者も地域から地球規模にまで広がる環境教育やESDの重要性は，これまでも理解してきたつもりであった。しかし，本書の執筆・編集を通して新たに考える機会となったことが二つある。

　まず，豊かさについてである。人間は自然に対してさまざまな資源を獲得してきたが，自然からの反動もますます大きくなりつつある。人間は物質的，精神的な豊かさを求め，今日の生活を築いてきたといえる。しかし，人間にとっ

ての豊かさとは何か，また，これから日本の求めるべき豊かさとは何か，を再考する機会となったことである。

　次に，つながりについてである。環境問題の発生は人間が追及してきた利便性・功利性などの結果と考えることができる。それが大量生産・大量消費につながり，エネルギー使用量の増加にも影響を与えてきた。確かに人間は文明的には後戻りできない。ただ，自然とのかかわり方を先人から学んだり，直接自然とかかわって生きている人たちから学んだりして持続可能な社会の可能性を模索することはできる。本書への取組みによって自然や歴史とのつながりを考え，そこから自分の生き方から社会のあり方までの関係性を意識するきっかけにもなった。

　学校教育において「総合的な学習の時間」のなかで，体験を通した環境教育が実践されることは多い。これからの子どもたちに生きる力を育成するために教育内容や教材，教育方法・システムを開発することは重要である。またそのなかで，地域環境という教育資源に着目することも必要である。しかし，この意義は，子どもたちだけでなく，教員を含めた大人たちすべての人にもあてはまることだろう。そこで，本書を読んでもらいたいのは，学校教員だけでなく，一般の人たちも対象と考えた。つまり，本書では大人にとっても体験を通した「環境教育の学び」の必要性を考えるきっかけとなることを期待している。

　本書は，執筆者たちの日々の環境教育資源開発のためのフィールドワークがもとになっている。そのなかで，本書で取り上げた各地域で多くの方々にご協力，ご教示をいただいた。

　お世話になった人たちの数があまりにも多く，ここでは記述しきれないが，最後に，そのような方々に敬意を記すとともに深謝したい。

　　2008年3月

　　　　　　　　　　　　　　　　　　　　　　　　　　　藤岡　達也

索　引

あ

相川郷土資料館　43
相川小学校　44
相川中学校　44
青砥武平治　135
赤倉温泉スキー場　163
阿賀北池沼調査　155
阿賀野川　121
秋山紀行　84
ESD　1
五十嵐川　119
生きる力　5
糸魚川・静岡構造線　10
糸魚川市　12
イバラトミヨ　156
イヨボヤ会館　135
上杉謙信　171
越後アンギン　79
越後上布　79
越後縮　79
青海自然史博物館　18
小木地震　56
小木中学校　58
小木港　54
小千谷縮　79

か

火焔式土器　62
河岸段丘　96
柏崎刈羽原子力発電所　100
加治川　149
　―水害訴訟　152
　―治水ダム　149, 152
　―ネット　21　150, 154
　―分水門　151
春日山城　171
金谷山　161
株式会社ゴールデン佐渡　37

カラムシ　86
環境教育　1
環境教育資源　8, 169
観光ボランティア　59
観光　8
カンタベリー大学　96
長岡城　172
学習指導要領　129
雁木通り　160
キツネ石　31
行谷小学校　49
銀黒　38
熊本水俣病　125
国際復興支援プラットフォーム　108
国連世界防災戦略　103
心のケア　99, 116
子ども縄文研究展　71
豪雪地　159

さ

佐渡金山　36
　―資料館　38
佐渡国小木民俗資料館　57
三角家　55
三内丸山遺跡　26
自然災害　94
自然の二面性　4, 93
信濃川火焔街道博学連携プロジェクト　65
新発田市　149
新発田城　173
斜面崩壊　97
宿根木集落　54
宿根木体験学習館　58
出張語り部　134
消雪パイプ　168
心的外傷後ストレス障害　115
ジオパーク　21
地すべり　97
持続可能な開発のための教育　1

179

蛇紋岩製の石製品　27
ジュネーブ　106
上越教育大学　112
上越市　161
縄文子どもフォーラム　71
縄文時代　62
水害訴訟　149
スキーの日　162
スキー発祥記念館　162
鈴木牧之　82, 84
世界遺産　42
石灰岩　16
総合的な学習の時間　5
宗太夫坑　40

た

高田城　171
棚田　97
種川の制　135
大東水害訴訟　152
地域と学校とのパートナーシップ　6
地下水　168
チャート　17
中越沖地震　95, 100, 111
中越地震　95, 98
長者ヶ原遺跡　24-28
津南町　96
十日町市笹山遺跡　65
十日町市博物館　73
トキ　46
　―資料展示館　53
　―の森公園　52
　―保護センター　47
　―米　51
道遊の割戸　38

な

内水被害　120
ナウマン　14
直江兼嗣　175
7.13新潟水害　119
新潟県立環境と人間のふれあい館　128
新潟豪雪　199

新潟水俣病　122
西三川ゴールドパーク　39
ニッポニア・ニッポン　46
熱水鉱脈鉱床　38

は

羽越水害　151
博学連携　65
白山神社　54
白山丸　57
ヒスイ　18
ヒスイ峡　22
姫川　24
兵庫県南部地震　95
兵庫行動枠組　103
漂砂鉱床　39
ビオトープ　50
フィールド・ミュージアム　20
フォッサマグナ　14
　―ミュージアム　20
プレートテクトニクス　13
北越雪譜　82, 84
ボランティア活動　105, 110
ポットホール　56

ま

枕状溶岩　20
馬高遺跡　63
三面川　134
明星山　16
村上市　135
村上城　173
村上茶　173
メチル水銀化合物　122

や

雪囲い　164
雪祭り　165
雪室　166

ら

ライフライン　100
レルヒ少佐　161

[編者]
藤岡 達也（ふじおか たつや）
上越教育大学大学院学校教育研究科教授。
環境教育・科学教育専攻。
大阪府生まれ。大阪府教育センター指導主事等を経て現職。
著書に『地域環境教育を主題とした「総合学習」の展開』『環境教育からみた自然災害・自然景観』等。

[執筆者]（五十音順）
石田 浩久（十日町市立橘小学校教頭）
金子 和宏（南魚沼市立塩沢小学校教諭）
古田 純（三条市立保内小学校教諭）
藤岡 達也（上越教育大学大学院教授）
渡辺 径子（上越教育大学特任准教授）

環境教育と地域観光資源

2008年6月20日　第1版第1刷発行
2011年1月31日　第1版第2刷発行
　　　　　　　　　　　　　　編 著　藤岡 達也

発行者　田中千津子　〒153-0064　東京都目黒区下目黒3-6-1
　　　　　　　　　　電話　03（3715）1501㈹
発行所　株式会社 学文社　FAX　03（3715）2012
　　　　　　　　　　http://www.gakubunsha.com

Ⓒ Tatsuya FUJIOKA 2008　　　　　　印刷　㈱シナノ
乱丁・落丁の場合は本社でお取り替えします。　製本　島崎製本
定価は売上カード，カバーに表示。

ISBN978-4-7620-1843-5